정책은 디테일이다

정책은
디테일이다

다시 국가의 길을 찾아서

심학봉 지음

매일경제신문사

서문

　길은 방향이다. 방향은 목표이고 길은 그곳에 도달하는 과정이다. 방향이 틀리면 정확한 목표지점에 도달할 수 없으며 때때로 심각한 상황을 불러올 수도 있다. 이 책은 이러한 실패를 방지하기 위하여 국가가 당면한 문제들의 방향을 재설정하고 새로운 길을 제시하기 위해 기획했다. 이를 위해 구체적이고 실천 가능한 정책대안을 마련하고 폭넓은 공감대를 형성할 수 있는 메시지를 전달하고자 집필되었다.

　사실 그동안 국가는 계속 성장해왔지만, 긴장이 완화되며 성장의 후유증이 나타났고, 예상보다 일찍 정상에 도착한 후에 오는 우월감이 일종의 교만으로 드러나고 있다. 여기에 국가의 성공을 위해 희생했던 개인의 삶에 대한 때늦은 보상의 욕구가 분출하고 있다. 자유민주주의에서 자유의 시장경쟁 원칙이 무너지고 민주의 법치주의가 위협받고 있다. 시간이 갈수록 정의·평등·분배 등의 새로운 시대정신과 충돌하고 있어서다. 아울러 최근 들어 무엇보다도 최상위가치인 외교와 안보에서 극심한 분열과 혼란을 보이고 있다. 미국과 중국 간에 벌어지고 있는 투키디데스 함정의 선택 때문이다.

여기에 경제는 계속해서 추락하고 사람들의 좌절과 분노 그리고 갈등은 좀처럼 진정될 기미가 보이지 않고 있다. 국민적 에너지인 역동성마저 저하되고 있다. 이 모든 문제를 해결해야 할 정치는 오히려 이념의 공방이 되어 국민의 삶에 도움이 되지 못하고 있다. 정치가 문제의 중심에 서 있는 것이다. 시간이 흐를수록 대한민국이 세계의 주변국으로 밀려나고 있는 냉혹한 현실에서 거대한 도전의 실체가 무엇이며, 이를 극복하기 위한 길은 어디에 있는지 고민해야 하는 절박한 시점에 와 있는 것이다.

이러한 문제점들을 해결하기 위해 먼저 제1부에서 우리가 선택한 길에서 국가는 성장했지만, 우리에게 남겨진 많은 부작용이 무엇인지 살펴본다. 다음으로 제2부에서 무엇을 할 것인가를 살핀다. 과거는 미래를 들여다보는 창이다. 과거의 지혜와 방법을 모르고서는 미래의 전략을 생각해내기 어렵다. 당연히 과거의 실패도 눈여겨보아야 하는 이유이다. 저출산, 불평등, 일자리 그리고 교육의 문제점과 해결책을 제시한다. 그리고 제3부에서 우리가 가야 할 길을 제시한다. 일종의 방향이다. 마지막으로 제4부에서 국민의 힘으로 우리가 찾은 길을 걸어가고자 한다.

우리가 찾는 그 길은 때때로 안개가 자욱하고 갈림길이 너무 많고 표식조차 없는 길일 수도 있다. 그러나 방향이 맞다면 걱정할 필요는 없다. 인내와 끈기로 뚜벅뚜벅 걸어가면 된다. 루쉰 역시 "원래 길이 아니어도 사람들이 다니기 시작하면 길이 된다"라고 했다. 시간이 지나면 정해진 방향에 따라 목표에 이르는 정확한 길을 찾게 되지만 그 길을 더 빨리 더 쉽게 찾아내는 방법을 고민해야 한다. 사실 역사의 과정에서 지름길은 있어도 비약이나 생략은 없다. 역사에서 불연속선은 존재하지 않는 것이다. 세상의 변화는 하늘에서 갑자기 내려오는 것이 아니기에 지혜로운 국민은 과거를 돌아보고 현재를 생각하며 미래를 상상하는 것이다. 따라서 우리가 해야 할 일은 올바른 방향으로 정확한 지름길을 찾아내는 것이다. 그 지름길은 제도, 즉 법과 정책으로 나타난다.

그런데 개혁이 어려운 것은 제도의 필요성이 입증된다고 해도 실현되기까지 여러 난관을 통과해야 하기 때문이다. 사회적 공감대를 형성해야 하고 정치권의 타협도 있어야 한다. 그러나 제도 변화의 속도가 느리게 일어나더라도 많은 사람이 관심을 가지고 논의를 하다 보면 점차 가시적인 결과로 나타난다. 그러니 실망할 필요는 없다. 그것 자체로 의미가 있기 때문이다. 셰익스피어의 이야기처럼 우리의 운명을 별자리에 맡겨 놓는 것이 아니라 우리의 의지로 극복해나간다.

지속적으로 번영하는 국가는 국부가 계속하여 증가하고 사회적 질서가 갈수록 안정화되는 데서 시작된다. 개인의 자유와 권리가 최대한 보장되고 미래에 대한 도전과 기회가 열린 사회이어야 한다. 그런데 지금 국가의 일련의 조치들은 누가 봐도 심판의 날을 재촉하는 하책들이 수두룩하다. 그러니 하루빨리 순풍이 부는 방향으로 돛대를 돌려놓아야 한다. 다시 경제구조를 재편하고 사회를 정상화해야 한다. 정부는 국가의 역량보다 목표치를 높게 선도함으로써 국민에게 용기를 주고 앵커효과를 불러일으켜야 한다. 정치는 실천 가능한 정책과 폭넓은 공감을 얻을 수 있는 메시지를 통해 국민에게 희망과 비전을 제시해야 한다. 이는 국민을 제대로 된 방향으로 이끄는 이정표이다. 우리에게 닥친 모든 문제를 한꺼번에 해결하기에는 능력과 시간이 부족할 것이다. 그러니 우선순위가 높으면서 반드시 해야 하는 것부터 시작하자. 비록 실행에 옮기는 과정에서 많은 난관에 부딪히더라도 좌절하거나 포기할 필요는 없다. 정확한 방향의 길로 걸어가면 시간이 걸리더라도 목표 지점에 도달할 수 있기 때문이다.

책을 쓰고 나면 항상 남는 두려움이 있다. 세상에서 평가하는 날카로운 비판과 필자의 지적능력의 왜소함이 그것이다. 그렇지만 나는 더 이상 피할 수가 없었다. 즉시 조치를 취해야 하는 시급성이 날로 커지고 있기 때문이다. 부족한 부분은 현명한 독자들의 관심과 세간의 치열한 소통으로 채워지리라 믿는다. 책이 나오는 과정에서 많은 사람에게 빚을 졌다. 특히 수천 페이지의 원고를 타이핑하면서도 격려를 아끼지 않았던 사랑하는 가족, 높은 관심과 날카로운 지적으로 책의 완성도를 높여준 지인에게 한없는 고마움을 드린다. 아울러 이 책의 출간을 위해 진심으로 성원하고 용기를 준 친구, 친지 등 주변의 모든 분들에게 감사드린다.

CONTENTS

서문 ·· **4**

제1부 성공에 취해 그림자를 놓치다

1. 한국에 발을 들인 리바이어던 ······························· **15**

2. 그 시절, 국가들이 힘을 키운 방법 ······················· **20**

3. 회색 코뿔소가 우리에게로 온다 ·························· **26**

4. 줄 서지 말고 손잡고 걸어가자! ·························· **30**

5. 해가 저무는 국가들의 모습 ······························· **34**

제2부 대한민국은 힘이 세다! 우리가 할 수 있는 것

1. 더 이상 아이 울음소리가 들리지 않는다 ·················· **43**

2. 우리 모두 평등하다는 진리를 잊지 않기 ·················· **67**

3. 시대가 변했다 좋은 일자리도 변했다 ···················· **92**

4. 새로운 대한민국의 시작? 교육혁신부터! ·················· **133**

제3부 천천히 오래도록 함께 가자

1. 지속가능한 사회, 아름다운 미래의 길 ·············· **185**

2. 다시 만드는 대한민국 '우리'공동체 ················· **190**

3. 대한민국 경제의 중심, 중산층을 살려라 ············ **198**

4. 강한 국가는 무엇을 가지고 있을까? ··············· **203**

5. 뿌리 깊은 국가정신을 만들자 ····················· **210**

6. 정치적 편향! 이제는 정말 끝내야 해! ·············· **215**

제4부 원 팀이 되면 못 할 것이 없다

1. 모든 국민이 깨어 있는 그날까지 ·················· **227**

2. 국민과 국가가 함께 걷는 평화의 길 ··············· **232**

3. 국민의 행동력이 나라를 움직인다 ················· **239**

노란 숲속에 길이 두 갈래로 났었습니다.
나는 두 길을 다 가지 못하는 것을 안타깝게 생각하면서,
오랫동안 서서 한 길이 굽어 꺾여 내려간 데까지,
바라다볼 수 있는 데까지 멀리 바라다보았습니다.

훗날에 훗날에 나는 어디선가
한숨을 쉬면서 이야기할 것입니다.
숲속에 두 갈래 길이 있었다고,
나는 사람이 적게 간 길을 택하였다고,
그리고 그것 때문에 모든 것이 달라졌다고.

－ 로버트 프로스트의 〈가지 않은 길〉 －

제 1 부

성공에 취해
그림자를 놓치다

1

한국에 발을 들인
리바이어던

　리바이어던은 성경에 나오는 가상의 동물이다. 온몸이 두꺼운 비늘로 덮여 있어 칼, 창, 화살 등으로도 뚫지 못하며 입에서는 불을, 코에서는 연기를 내뿜는다. 절대 권력을 가진 괴물을 상징한다. 국가가 권력을 독점하고 강력한 통치를 하는 국가주의 체제를 비유할 때 종종 쓰이기도 한다. 우리 역시 해방 이후 혼란기를 극복하고 전쟁 후에 새로운 출발을 해야 하는 상황에서 한국의 리바이어던이 탄생하게 된 것이다. 국가가 직접 계획하고 정부가 주도하며 민간이 따라오는 성장 방식을 선택하게 된다.

　이는 진정한 의미의 민주주의 가치와 시장경제 원칙을 지키기 위한 시간과 역량이 없었기 때문이다. 국가 자원을 총동원하고, 국민의 의식을 개조하며, 극심한 가난에서 벗어나는 것이 목표였다. 이러한 국가주의 성장 방식으로 단기간에 한강의 기적을 이루면서 세계 10위권 선진국으로 성장했으며 G20 정상회담을 개최할 정도로 성공한 국가가 되었다.

이러한 성공의 배경은 크게 세 가지로 이야기할 수 있다. 먼저, 미소 냉전체제하에서 자유주의 진영이 이념의 우산을 확대했다. 우방국 간의 산업 진흥 및 수출 확대를 위한 무역장벽이 완화되고 세계 경제환경이 우호적이었다. 국토가 좁고 천연자원이 부족하며 인적자원밖에 없는 한계성을 극복하기 위하여 제조업 수출로 기적적인 경제 성장을 이끌어냈다. 다음으로, 미국, 일본 등으로부터 기술과 자본을 이전받을 수 있었고 중국이라는 거대 시장의 존재가 있었다. 중국은 시장, 안보는 미국, 기술은 일본이라는 삼각 편대의 균형추가 이상적으로 작동하고 있었다. 마지막으로, 우리 내부에 신분 상승을 향한 역동성이 있었다. 미래가 보였으며 꿈과 희망이 현실로 나타나던 시기였다. 여기에 중앙 집권적 관료 시스템은 우리의 한계를 최적화하고 효율화할 수 있는 최고의 무기였다.

이러한 국가주의는 교육현장에서도 나타났다. 저자가 1978년에 입학한 국립구미전자공업고등학교는 구미전자산업단지에 양질의 기능공을 공급하고, 그중 일부는 공과 대학에 진학시켜 우수한 엔지니어를 양성하는 것을 목표로 했다. 전국 중학교 상위 5%의 학생 600명을 선발하여 전원 기숙사생활을 한다. 학비는 전액 무료이다. 어깨에는 '조국 근대화의 기수'라는 명찰을 달고 아침 6시 점호, 밤 10시 점호가 실시된다. 매일 '국기에 대한 맹세'를 암송하고 〈애국가〉를 4절까지 부른다. 교장은 예비역 소장이고 사감은 월남전 상사 출신이다. 국가가 계획적으로 직접 인재를 양성하고 공급하는 것이다. 이렇게 성적주의와 강력한 통제 환경은 동기 2명을 극단적 선택으로 몰아갔다. 지금의 구미고등학교 야산에서 한 명은 농약으로, 한 명은 목을 매는 것으로 어린 생을 마감했다.

　　이러한 국가주의 성장 방식은 선진국이 만들어놓은 길을 추격하는 것이다. 선진국을 모방하고 계량하며 오로지 노력으로 따라간다. 추격을 하는 과정에는 옆을 볼 겨를이 없고 뒤를 돌아볼 여유가 없다. 목표가 정해져 있고 상대방 역시 앞서서 달려가고 있기 때문이다. 한 방향으로 단일 대오를 형성하고 줄기차게 쫓아갈 수밖에 없는 것이다. 이러한 노력으로 성장이라는 물질적 깃발을 쟁취했다.

하지만 선진국의 발전경로와는 다른 변형된 정치문화와 경제구조가 생겨나게 되었다. 사회적으로는 편법적이고 불법적인 행위와 관행이 묵인되거나 용인되었다. 시간이 지나면서 당시 부풀었던 풍선의 바람이 빠지고 어디로 튀어갈지 모르는 후유증이 나타나고 있다. 다른 사람의 성공과 정부의 권위에 대해 정당성이 확보되지 않고 있으며 신뢰라는 사회적 자본이 어느 국가보다도 허약한 체질이 되었다. 공동체라는 삶의 목표와 정신적 가치는 소외되었다. 두 마리 토끼를 동시에 잡을 수는 없는 것이었다.

이는 세계 최고의 자살률과 노인 빈곤율 그리고 저출산율로 나타나고 있다. 이와 함께 갈수록 불평등이 확대되고 지속적으로 일자리가 감소하고 있다. 이는 N포 세대, 88만 원 세대, 흙수저 및 이생망 등의 비관적 은어로 나타나고 있다. 선진국을 추격하는 과정에서 속도에만 매몰된 결과는 가혹하다.

하지만 선진국에 비해 빈약한 자본주의 역사와 민주주의 경험에서 당시의 국가주의 성장 방식은 최선의 선택이었는지 모른다. 그것이 옳고 그름이 아니라 그때는 맞았고 지금은 틀리다는 차원에서 접근해야 한다. 당시의 국민이 선택한 길이었기 때문이다.

역사에는 원인이 없는 결과가 없다. 우리 사회의 많은 문제점은 성공의 그림자로 생겨날 수밖에 없는 동전의 양면 같은 우리의 자화상이다. 우리가 미워하거나 버릴 수 있는 것이 아니다. 바꾸고 고치면 되는 것이다. 당시의 대기업 위주의 수출 주도 전략 등 국가주의 성장 방식이 아니었다면 지금의 양적 성공은 존재하지 않을 것이다. 이 과정에서 생겨난 부와 소득의 편차, 기술과 임금 등의 기업 간 이중구조, 개인 간 양극화의 확대 등은 과거 우리가 선택한 제도의 유산으로 생겨날 수밖에 없는 필연적인 것이다. 마치 자동차가 움직이려면 연료가 필요하고 그래서 반드시 환경오염 물질을 만들어 내는 이치와 같다.

우리가 진정한 의미의 선진국으로 넘어가기 위해서는 건너야 하는 깊고 긴 협곡이 있다. 일종의 죽음의 계곡이다. 경제구조, 국민의식 등의 방향을 재정립하고 길고 튼튼한 다리를 선진국 쪽으로 연결해야 가능한 일이다. 지금까지와는 전혀 다른 새로운 길을 개척해야 한다.

2

그 시절, 국가들이
힘을 키운 방법

국가주의 성장 방식은 발전국가 모델로 나타난다. 발전국가의
개념은 미국 최초의 재무장관이었던 해밀턴이 고안했으며, 19세
기 후반의 독일과 메이지 유신의 일본에 이식되었고, 한국과 중
국 등 동아시아국가들이 채택한 경제 성장 방식이다. 발전국가
모델은 경제행위를 시장의 독자적 판단에 맡겨두는 것이 아니라
국가가 시장에 적극적으로 개입하여 경제 발전을 주도하는 것이
다. 흰 도화지에 청사진을 그려 넣는 작업이었고 무에서 유를 창
조하는 과정이었다. 정부가 국가 이념의 목표를 정의하고 정책
의 우선순위를 정한다. 관료들이 운영과 집행의 핵심 주체이다.

정부는 선수와 심판을 겸하면서 시장경쟁의 규칙을 정하고 이를 감시한다. 기업들에게 미래의 이익을 보장하여 정부정책에 동참하도록 유도하고, 투자 리스크를 줄이도록 도와주며, 이들의 든든한 우군이 된다. 기존 산업의 비교우위를 단순히 유지하는 것이 아니라 비교우위 자체를 완전히 바꾸는 것이다. 예를 들면 한 국가가 농업에 비교우위가 있다면 농업의 발전을 위해 각종 정책을 추진하기도 하지만 농업이 미래의 국부를 창출하는 산업이 아닐 경우, 아예 새로운 산업의 발전으로 선회하는 것이다.

이러한 목적을 위해 관세부과로 무역 장벽을 높이 치고, 신기술을 개발하여 이를 기업에게 이전한다. 정부와 기업 그리고 대학 등 연구기관이 삼각 편대를 결성하여 산학연의 작품을 만들어낸다. 정부의 예산으로 R&D를 지원하고 기업이 생산, 판매하여 이익을 창출하는 개념이다. 증기선에서 인터넷까지 미국의 제조업 우위는 이러한 발전국가정책이 합당했음을 보여준다. 최근의 자율 주행차, 페이스북 등으로도 연쇄효과가 일어나고 있다. 제조업의 낙수효과는 광범위하고 빠른 속도로 확산된다. 애덤 스미스를 종교같이 신봉하던 완전한 자유주의 시장에 대한 도전이었고, 성공가능성이 당시에는 높아 보이지 않던 모델이었다. 하지만 표준화와 포드식 대량생산 체제 그리고 우수한 관료들이 합작하여 20세기 미국 경제의 거대한 흐름을 바꾸어 놓았다. 발전국가의 탄생이었다.

【】 한국은 그때 어떤 길을 선택했나

한국은 해방 이후 자유당정권 때까지 10년 이상을 미국의 원조에 의존했다. 하지만 여전히 가난했고 농업이 주 생산 품목이었으며, 산업기반시설이 생겨날 여지가 없었다. 밑 빠진 독에 물 붓기였다. 미래가 보이지 않았다. 이에 미국의 케네디 행정부는 원조에서 직접 경제개발을 지원하는 방향으로 전략을 수정했다. 이러한 배경에는 제2차 세계대전과 한국전쟁을 거치면서 1960년대 내내 전개된 미국과 소련의 치열한 안보경쟁이 있다. 동북아시아에서 한국과 일본이 중국과 소련의 공산주의 남하를 저지하는 보루 역할을 하게 되었고, 이념의 마지노선이 한국, 일본을 축으로 하는 태평양선으로 그어졌다. 한국의 경제부흥과 정치 안정이 없다면 공산주의의 남하를 막는 데 역부족임을 잘 알고 있었기 때문에 일본과 함께 한국에도 미국식 발전국가 모델을 이식하게 되었다.

이를 위해 미군정은 일본(1946년), 한국(1948년), 대만(1949년)에 토지개혁을 주도했다. 이로써 자본주의 체제에 본격 편입되었다. 조선의 왕조국가, 일제의 식민국가에서 벗어나 기존의 신분제사회의 질서가 무너지고 새로운 기회의 공간이 만들어진 것이다. 이제는 동일 선상에서 각자의 능력과 노력에 따라 부를 얻고 출세를 할 수 있는 기회사회가 열리게 된 것이다. 조상 대대로 소작농인 집안의 사람이 지주가 될 수 있는 길이 열리게 되었다.

토지개혁과 함께 교육 기회가 확대되었다. 이에 따라 빠른 속도로 문맹률을 퇴치하여 국민의 의식 수준을 제고하고, 팽창하는 산업수요에 부응하는 인재를 대량으로 공급하며, 국가정책을 주도할 고급관료를 충원했다. 대학 진학이 출세의 징표로 간주되었으며 이는 여전히 세계에서 가장 높은 대학 진학률로 나타나고 있다.

토지개혁과 교육 기회의 확대라는 두 개의 기둥은 전 국민을 기회와 도전 그리고 열정의 운동장으로 초대했다. 자유주의 시장경쟁이 국가 발전의 원천임을 입증한 셈이었다. 반면에 필리

핀은 정반대의 길을 걸었다. 토지개혁을 시행하지 않았으며 보통 교육도 확대 실시하지 않았다. 대지주들이 정치와 경제를 좌지우지하는 상황 속에서, 한때 아시아의 최부국에서 이제는 최빈국으로 전락했다. 필리핀의 실패는 국가 전략의 선택에 따라 미래의 운명이 결정되는 사례를 보여준다.

5·16혁명 이후 박정희정부는 제1차 경제개발 5개년 계획을 수립하고 일본과 국교 수립을 맺었다. 자본과 기술의 도입을 통해 미국의 아시아 전략에 편입되었고 워싱턴의 생각과 판단에 보조를 맞추었다. 대기업 중심, 제조업 기반 수출주도형 성장 전략을 선택하게 된다. 가발, 신발 등 가내 수공업에서 시작된 수출이 반도체, 자동차, 철강, 화학 등 중화학 공업으로 산업구조 고도화의 길을 차근차근 밟게 되었다. 이전까지의 농업국가에서 산업국가로 완전히 틀을 바꾼 것이다.

경제가 성장하면서 중하위층에게도 기회의 창이 열렸고 시간이 지날수록 부의 축적과 신분 상승의 영토가 확장되었다. 보상이 만족할만한 수준이 아니어도 사회의 균열이 갈 정도로 심하지도 않았다. 낙수효과가 이루어지던 시대였다. 미래의 성공에 대한 꿈과 희망이 있었기에 내일을 기다릴 수 있었다.

고속으로 달리는 기차 안에서는 바깥이 잘 보이지 않는다. 그러나 기차가 천천히 속도를 늦추면 주변이 보이기 시작한다. 우리 사회의 누적된 문제점이 수면 위로 드러나고 있다. 미국에서 일본을 거쳐 한국에 이식된 발전국가 모델의 한계다. 그러나 현재 부작용이 있다고 해서 우리가 걸어온 길을 부정해도 지금의 사실은 변하지 않는다. 현명한 사회는 과거를 거울로 삼아 다시 미래의 길을 찾아가는 것이다. 자꾸 뒤돌아보면 미련과 후회에 매몰되어 한걸음도 앞으로 나아가지 못한다.

3

회색 코뿔소가
우리에게로 온다

자연현상에서 대재앙이 일어나기 전에 반드시 전조가 일어
난다. 쓰나미가 밀려오기 전에 짐승들이 먼저 움직이기 시작하
고, 개미 떼가 이동한다. 전쟁이 일어나기 전에도 마찬가지 현상
이 나타난다. 전운이 감도는 것이다. 마치 큰 소나기가 내리기 직
전에 하늘이 온통 새까맣게 어두워지는 그런 모습 말이다. 번갯
불이 번쩍이고 난 다음 천둥소리가 들리고 소나기가 세차게 내
리친다. 지금 우리 사회의 암울한 모습과 별반 다를 게 없다. 내
일 또 어떤 일이 일어날지 예측이 어렵고 두렵다. 이러한 현상은
2013년 1월 스위스 다보스포럼에서 미셸 부커가 이야기한 회색

코뿔소에 비유될 수 있다.

회색 코뿔소는 우리의 경험과 관찰 등으로 무슨 일이 반드시 일어날 것이라는 것을 알면서도 쉽게 간과하는 거대한 위험을 말한다. 이러한 회색 코뿔소는 개인의 경우에도 나타난다. 우리 속담에 '유병장수'라는 말이 있다. 몸이 늘 아픈 사람은 스스로 건강상태를 체크하고 병원에 자주 간다. 하지만 몸이 평소에 건강하다고 생각하는 사람은 여러 가지 징후에도 무관심하거나 태만하다. 상갓집에 가면 '그 친구 며칠 전에 같이 저녁 먹었는데…' 하며 고통스러워한다. 이렇게 미리 대비하지 않으면 치명적인 결과를 가져오게 된다.

우리 사회의 회색 코뿔소는 역사의 부산물이다. 식민지는 역사의 단절을 가져왔다. 우리의 문화와 전통이 이정표 없는 길에서 방황하게 되었고 어디선가 끊어지기도 했다. 여기에 전쟁은 인간의 정신을 말살했다. 목적도, 명분도 없는 전투에서 같은 민족끼리 죽이고 죽였다. 전쟁에서는 생존이 모든 것에 우선한다. 죽음과 극한의 배고픔과 추위는 무엇이든지 하게 한다.

이렇게 한국인의 정신세계를 수백 년간 지배하고 있던 수많은 가치들이 약해지거나 사라지게 되었다. 이러한 영향으로 우리 사회에 지배적인 가치관이 존재하지 않는다. 이는 선진국과 달리 우리에게 종교가 큰 영향력을 못 미치고 있는 것과도 관련 있다. 우리 사회는 기독교 19%, 천주교 11%, 불교 23%, 무교 43% 등으로 이루어져 있다. 일종의 황금분할 구도이다. 다수의 종교가 몇 세대에 걸쳐 균형을 이루고 있다. 종교마다 지향하는 가치관이 다르기 때문에 국가적 차원에서 통일성을 확보하기 어렵다.

이러한 대혼란 속에서 발전국가 모델의 성장 방식은 물질적 풍요와 성공에 대한 열망으로 나타나게 된다. 보편적이고 공익적인 가치들은 사라지고 상대적으로 이기적인 입신양명만 남게 된 것이다. 이러한 상황에서 어떤 것을 선택하더라도 잃어버릴 것이 없다는 도전정신과 무엇이든지 빨리 바꿀 수 있다는 믿음은 엄청난 경제적, 물질적 성과를 이루었다. 새로운 건물을 짓기 위하여 과거의 건물을 부수는 데 전혀 망설임이 없었고, 성장을 위한 효율성을 위해 인권, 환경, 배려, 공정 같은 추상적 가치들은 후순위로 밀려났다. 우리 스스로가 암묵적으로 묵인하며 살아왔다. 정책에 대한 순응도가 높고 제도 변화에 민첩했던 이유이다.

결과적으로 정신적 성숙보다는 물질적 성공에 매달리고, 과정보다는 결과에 더 주안점을 둔다. 긴 안목보다는 단기적 성과에 집착한다. 우리에게 노벨상 수상자가 없는 것이 우연한 현상이 아니며 장기 프로젝트의 국가 R&D 투자가 진행되지 않거나 중간에 중단하는 일이 낯선 일도 아니다.

지금의 시간에서 평가해보면 국가는 성공했지만 사회는 허약해진 것이다. 이를 반영하여 1인 가구가 가파르게 증가하고 있고 터놓고 이야기할 수 있는 사람이 없다는 나홀로 볼링족이 늘어나고 있다. 민·형사 고소 및 고발 건이 세계 최고 수준인 저신뢰 국가가 되었다. 통계에서 드러나는 각종 사회지표는 대재앙 수준이다. 한마디로 사람이 살 만한 세상이 아닌 것이다. 생태계가 무너지고 있는 징후들이다.

상황이 이렇게 심각함에도 분명하게 일어나고 있는 회색 코뿔소에 적절히 대응하지 않을 경우 한꺼번에 낭떠러지로 떨어질 수 있다. 그 대가는 상상을 초월할 것이다. 따라서 우리는 듣기 싫은 말에도 귀를 기울이고, 사실에 근거해 냉철히 생각해야 하며, 어떤 변화가 필요한지 고민해야 한다. 대평원에서 먼지를 일으키며 달려오는 회색 코뿔소의 진행 방향을 다른 곳으로 돌려놓아야 한다.

4

줄 서지 말고
손잡고 걸어가자!

　발전국가 모델에서는 사회와 대학에서 점수와 등수로 줄 세우기가 보편화되고 합리화되었다. 소위 5%의 우수한 인재 즉, 공무원, 대기업, 공공기관, 금융기관, 법조인, 언론, 교수, 의사 등이 주입식 교육의 결과로 줄서기에서 상위 그룹을 차지했다. 당시에는 국가의 목표가 제시되었고, 정해진 방향으로 속도감 있게 달리기만 하면 되었다.

　사회가 필요로 하는 인재의 모습이 구체적으로 디자인되어 있었고 패턴화되었다. 획일적 종적인간이 양성되었다. 권위주의 정치문화와 압축 성장의 경제 시스템하에서 소위 100명이 1등부터 100등까지 수직적으로 서열을 등판에 새기고 하루하루를 살아왔다. 종적인간사회에서는 맨 꼭대기에 있는 선발대의 신호에 맞추어 기계적으로 움직이고 떼 지어 행진한다. 개인이 삶을 살아가는 것이 아니라 거대한 물결에 휩쓸려갔다. 출구가 없는 동굴로 사람들을 밀어 넣었다. 여기에 군대의 계급문화와 유교의 서열문화가 합쳐지면서 상하 복종의 수직형 집단주의와 인맥을 중시하는 관계주의가 두텁게 형성되었다. 시민성을 가진 개인은 사라졌고 사회성 없는 집단만 생겨났다.

옳지 못한 일이 합리화되고 정당화되었다. 경쟁의 승리가 박수받지 못했고 객관적으로 인정될 수도 없었다. 서로에 대한 존중과 배려의 문화는 사라졌다. IMF외환위기(1997년)와 금융위기(2008년)를 겪으면서 분배의 균형이 깨졌고 공존의 경계선이 무너졌다. 사회적 갈등 비용이 수십조 원에 이르며 반목과 분열은 오늘도 계속된다.

이제는 횡적인간사회로 바뀌어야 한다. 소위 100명이 있으면 모두가 등판에 1등을 새기고 각자 창조적으로 다른 일을 하는 사회가 되어야 한다. 1등부터 100등까지 횡으로 서로 어깨동무하고 걸어가는 세상을 말한다. 이 수평적 인간사회에는 한 가지를 놓고 치열하게 경쟁하지 않는다. 서로의 목표가 다르기 때문에 각자의 영역이 분리되어 있으며 모두가 수평적 네트워크로 연결되는 사회다. 여기에서 배려와 존중이 탄생한다.

횡적인간사회는 경제 성장을 위한 지식의 습득과 공유 그리고 확산을 촉진하며, 가치사회를 향한 공감과 감성 그리고 공동체 구축에 핵심적인 역할을 한다. 이 사회의 사람들은 미래의 핵심역량인 융·복합 문제해결능력과 소통능력을 갖추고 스스로 생각하고 판단하며 행동하는 힘을 가진다. 아울러 미래에는 서로가 다른 일자리에 각자의 능력을 가지고 일할 것이다. 본인의 역량과 재능이 중요시된다. '경쟁의 협력'으로 만들어진 창조적 횡적인간이 주류가 된다. 이들은 모두가 일등이며 옆으로 손을 잡고 원형으로 줄을 선다. 누가 몇 등인지 알 수도 없다.

토마스 프리드먼이 이야기한 대가속의 시대에는 사회, 경제가 지수 함수적으로 변화한다. 예측이 어렵고 다양성과 복잡성의 문제를 동시에 해결할 수 있는 능력이 요구된다. 여기에 글로벌화가 시작되며 상대해야 할 선수가 누구인지 알기 어렵고 고려해야 할 변수가 너무나 많아지고 있다. 따라서 기존의 획일적 종속인간으로서는 대응이 어렵다. 눈에 보이지 않는 길, 없는 길

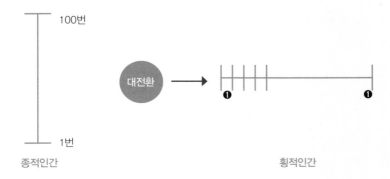

종적인간   횡적인간

에서 실패하지 않기 위해서는 그야말로 종합적인 문제해결능력

을 갖춘 인재가 필요하다. 미래사회가 요구하는 인재의 양과 질

이 근본적으로 달라지기 때문이다. 이는 점수와 순위가 없어져

야 가능한 일이다. 등수를 정한다는 것은 우수한 인재의 숫자를

제한하는 것이다. 소수의 인재와 그 외의 다수의 실패자Loser로

나누는 것이다. 전형적인 이분법이다.

5

해가 저무는 국가들의 모습

한 국가가 쇠퇴하는 데는 여러 가지 요인이 있지만 이 책에서는 세계화와 제도의 영향을 이야기하고자 한다. 먼저, 외부요인으로 세계화이다. 세계화로 국가 간 장벽이 없어지고 부의 불평등이 줄어든다. 자유무역의 확대로 한 국가의 부가 성장한다. 번영으로 사회 구성원들의 교육 수준이 높아지고 대규모 중산층이 형성된다. 더 많은 여가 시간과 삶의 가치를 향유하게 된다. 하지만 아이를 더 적게 낳게 되고 가정과 사회에서 꼭 필요한 일들은 이민자를 받아들여서 해결하고자 한다. 토드 부크홀츠의《다시, 국가를 생각하다》에 따르면 기원 전의 부유한 도시국가 스파르타, 해가 지지 않는 나라였던 빅토리아 여왕시대의 영국도 출산율 저하로 쇠퇴의 길로 빠져들었다. 천혜의 도시국가(라구사, 오늘날 두브로브니크라는 이름으로 불린다. 16세기 아드리아해에 위치했다)도 번영이후 출산율이 하락했다. 나라를 지킬 군대가 없어 강대국 사이에서 여기저기 조공을 바치다가 결국 나폴레옹에게 무릎을 꿇었다고 한다.

아울러 세계화로 일자리가 줄어든다. 고용효과가 큰 저임금 일자리는 해외로 이전되며 첨단산업도 해외직접투자가 확대된다. 시장이 현지에 있기 때문이다. 번영으로 기술의 발전을 촉진하고 자동화로 일자리가 대체된다. 일자리의 감소속도가 기하급수적으로 커진다. 선진국들의 고용 없는 성장이 보편화된다. 소수만이 일자리를 차지할 수 있는 초경쟁 일자리가 된다. 연봉이 높고 안정적이기 때문이다. 하나의 자리를 두고 1,000명이 경쟁하는 모습이다. 일자리가 줄어들면 먼저 젊은층과 노년층이 일자리를 두고 세대 간 경쟁을 한다. 그 다음에 한정된 일자리를 두고 세대 내 경쟁을 한다. 경쟁이 전 방위적으로 불연속적으로 그리고 다축으로 일어난다. 사회 전체가 무질서상태로 빠져든다. 꿈과 희망이 사라지고, 활력이 떨어지며 도전과 모험정신이 약해진다. 여기에 사회복지비 등의 지출 증가로 정부 재정이 확대되고, 선거가 반복될수록 큰 정부에 대한 유혹이 커진다. 이에 국가부채 역시 증가한다. 관료조직이 두텁게 될 때 민간 분야의 일자리 기회를 억제하게 된다. 따라서 시간이 지날수록 국가의 부에서 노동이나 서비스의 실질적 기여가치는 늘어나지 않거나 오히려 감소한다. 부를 창출하는 조직보다 부를 약탈하는 조직이 더 큰 사회는 마지막이 자명하다. 빚으로 연명하다가 파산한다. 경제의 기초 이론이다.

또한 세계화에 따른 연결성은 해당 국가의 전통과 관습 그리고 문화에 충격을 준다. 사회 변화의 원인이 되고 갈등이 증폭되고 혼란이 가중된다. 다른 국가의 사회적 이슈 등이 지체 없이 특정 국가에 지대한 파급을 미치게 된다. 일종의 분열의 씨앗이 된다. 위기의 대응 방식에 따라 쇠퇴의 전조가 되기도 하고 재도약의 기회가 되기도 한다. 선택은 오롯이 사회 구성원들의 몫이다.

다음으로 내부적인 요인으로 비효율적인 제도의 영향이다. 일례로 영국은 산업혁명을 통해 자동차를 먼저 생산했다. 하지만 일명 붉은 깃발법 제도의 도입으로 미국과 독일에게 자동차산업을 추월당했다. 내용은 이렇다. 영국의 당시 주요 교통수단은 말과 마차였다. 시민들의 안전을 위하여 증기기관을 탑재한 버스가 시내를 주행할 때 세 사람의 운전자를 의무적으로 고용해야했다. 한 사람은 55m 앞에서 빨간 깃발로 안내하고, 다른 한 사람은 운전을 하고, 마지막 한 사람은 석탄을 넣는 화부였다. 증기기관 버스의 최고속도는 시속 6.4km였다. 하지만 시내에서는 시속 3.2km로 제한했다. 이는 사람의 도보속도 시속 4km보다 느린 것이다. 이러한 규제는 시민을 위한 제도가 아니라 기존의마차를 운영하던 운송업자들을 위한 제도였다. 이익집단을 위한 제도가 만들어졌고 자동차산업은 후발주자에게 안방을 내주었다.

서양은 산업혁명을 통해 자본을 축적하는 길로 갔으나 조선은 여전히 농업국가로서 자급자족 경제의 폐쇄적이고 고립되어 있는 은자의 섬이었다. 결국 독점적 왕권 체제는 백성들의 경제적 보상체계를 만들어내지 못했다. 일본은 서구의 발전상을 인식하고 근대화의 길을 걸었다. 조선은 그 반대로 문을 걸어 잠그고 그 열쇠를 바깥으로 내던져버렸다. 스스로 감옥 안에 가두었다. 그 결과가 망국이다. 조선은 국토가 좁거나 자원이 부족해서

또는 중국의 착취나 간섭으로 망한 것이 아니다. 스스로 선택하고 운영한 제도가 경제 성장을 촉진시킬 수 있는 제도가 아니었다.

우리의 경우 1960년대 이후 강력한 정부의 효과적인 제도의 도입을 통해 경제가 성장하고 다원화되었다. 하지만 10년마다 마주친 3개의 변곡점(1987년의 민주화, 1997년의 IMF외환위기, 2008년의 금융위기)을 지나면서도 과거의 제도를 혁신하지 못하고 기존 제도에 의지하는 관행을 이어왔다. 이는 성장을 촉진하는 것이 아니라 오히려 경제 각 부문의 발전을 저해하고 있다. 예를 들면 기득권을 보호하는 제도는 독점적 특권으로써 다른 부분으로 배분되어야 할 자원과 부를 가로채는 착취적 제도이다. 대표적 사례가 이익집단의 증가이다. 이익집단이 과도하게 혜택을 갖게 되면 다른 한쪽 즉, 대부분의 국민적 삶은 위축되게 된다. 영국은 산업혁명의 선두 주자였지만 19세기 말에 미국, 일본, 독일 등과 비교했을 때 국가 경쟁력이 약화되었다. 각종 이익집단의 증가로 외부의 환경 변화에 신속히 대응하지 못했기 때문이다. 우리의 경우 중앙정부의 비대화와 관료화 그리고 제3지대 즉, 산재되어 있는 각종 공사, 협회 및 단체, 협의회 등이 있다. 국가 R&D

기관 역시 중복되고 교통정리가 되지 않고 있다. 우후죽순으로 활동하고 있는 각종 시민단체나 이익집단들이 마치 바닷가의 모래알처럼 그 수가 상상을 초월할 정도로 규모가 많고 그 범위도 다양하다. 이익집단을 통제할 관리 감독의 메커니즘이 작동하지 않고 있다. 현재 이익을 얻고 있는 집단의 저항을 제거하고 새로운 길로 혜택을 보게 될 집단에게 확실하게 신뢰를 얻어야 성공할 수 있는 것이다.

새로운 개념과 사고방식은
처음에는 무시되다가,
그다음에는 격렬한 반대에 부딪히며
그다음에는 자명한 것으로 자리 잡는다.

- 쇼펜하우어 -

제 2 부
대한민국은 힘이 세다!
우리가 할 수 있는 것

더 이상 아이 울음소리가 들리지 않는다

【】 우리는 이미 답을 알고 있다! 인구 붕괴의 시작

경영학자 피터 드러커는 "인구구조는 인구의 변화와 크기, 고용, 교육상태 그리고 소득 추이를 가장 명확하게 정의하고 가장 예측 가능한 결과를 수반 한다"라고 하면서 인구구조의 중요성을 강조했다. 통상적으로 인구구조는 나이, 인종, 종교, 교육, 지리적 분포 등 다양한 요인에 의해 결정된다. 미국은 이민으로, 유럽은 십자군전쟁 등 대규모 인구이동으로 다양한 인종이 국가를 형성하고 있다. 사회의 다양성이 존재하고 이들의 갈등을 통합하고 해결하는 것이 국가의 핵심과제 중 하나이다.

우리나라는 지리적으로 고립된 위치와 유교사상의 영향으로 나이에 따른 위계질서가 중요시되어 왔고, 이 같은 문화현상이 인구구조에도 반영되어 있다. 우리는 경제에 도움이 되는 청년층은 줄어들고 부양해야 할 노인인구는 늘어나는 기형적 인구구조가 되어가고 있는 것이다. 심각한 문제가 아닐 수 없다. 따라서 이대로 가면 노인 인구가 많은 지방의 인구 감소가 지방 소멸로 이어지고 지역의 대형마트와 초·중·고교 및 지방 대학이 문을 닫게 된다.

이와 더불어 우리나라 출산율은 몇 가지 측면에서 심각한 문제점을 갖고 있다. 먼저, 출산율의 급격한 감소속도이다. 유럽은 출산율이 4.0명에서 1.6명으로 떨어지는 데 100년이 걸렸지만 한국은 불과 13년(1973~1986년)이 걸렸다. 다음으로 초저출산(합계 출산율 1.3 이하)의 기간이 일본 3년, 독일 4년, 폴란드 6년 등 비교적 짧지만 한국은 19년(2002~2021년)간 계속되고 있다.

이를 반영하여 2002년부터 380조 원 이상의 돈을 투자하고도, 2020년 합계출산율이 0.837로 출생아 수가 27만 2천 명에 불과하다. 여기에 가임기(25~39세) 여성의 수가 매년 10만 명씩 줄어들고 있기 때문에 현재의 방식으로 출산율을 높이는 것이 현실적으로 불가능하다. 백약이 무효인 것이다. 출산정책의 방향을 다시 설정하고 목표를 수정해야 한다.

먼저, 출산정책의 효과를 재조명해야 한다. 어느 사회든 인구 감소정책은 산아 제한이나, 교육, 홍보를 통해 효과성을 나타낼 수 있다. 우리도 한때 '둘만 낳아 잘 기르자'는 산아 제한 운동으로 효과를 본 적 있다. 비록 이 정책이 성공은 했지만 너무 빨리 산아 제한 운동을 시작하는 바람에 지금의 저출산의 고통을 당하고 있다.

하지만 인구 증가정책은 사람들이 국가의 의도와 동일한 방향으로 움직이지 않는 경향이 강하다. 왜냐하면 육아, 교육 등 비용 증가로 경제적으로 힘들고 아이를 잘 길러서 미래에 성공할 것이라는 확신이 없기 때문이다. 즉, 개인은 현재의 경제적 문제와 미래의 성공가치를 감안하여 결혼과 출산을 결정한다. 이렇게 국가는 인구가 없으면 소멸하지만 개인은 아이가 없어도 살아가는 데 별 지장이 없다고 생각한다. 아이에 대한 관점이 국가와 개인이 다르다는 것에서 출발해야 한다.

다음으로 인구문제는 단순히 경제적인 문제뿐만 아니라 사회

문제 그리고 문화적 측면이 복잡하게 연결되어 있다. 이를 해결하기 위해서는 먼저 생태계를 복원해야 한다. 생물의 본능은 종족 보존이다. 그런데 이 단순하고 원초적인 본능이 작동하지 않고 있다. "우리 사회가 살만한 곳이 아니다"라는 절망과 분노가 곳곳에 나타나고 있다. 이를 반영하여 삶의 행복지수가 세계 최하위 수준이다.

또 내가 힘들고 어려울 때 손을 내밀 수 있는 이웃이 없다는 인식이 점점 더 높아지고 있다. 과거에 비해 미래가 더 살기 좋은 사회가 될 것이라는 분명한 확신이 없는 한 결혼과 출산을 기피하는 것이 어쩌면 현명한 선택일지도 모른다. 지금의 20대는 자기의 부모 세대보다 본인이 더 가난한 세대가 될 수 있다는 것을 잘 알고 있기 때문이다.

마지막으로 비록 결혼율이 역대 최저 수준이지만 결혼을 하도록 하는 정책을 강력하게 추진해야 한다. 결혼한 여성들은 아이를 한두 명은 낳는다. 아이를 낳지 않는 것이 아니라 아예 결혼을 하지 않는 것이 더 큰 문제다. 육아와 경력단절 문제 등의 보육 시스템은 그다음의 문제이며 당장 젊은이에게 와닿지 않는 정책들이다. 이를 해결하기 위해서는 먼저, 양질의 일자리를 많이 만들어야 한다. 지속가능한 직업이 없는 젊은이가 결혼을 하기 쉽지 않다. 우선 양가 부모들의 승낙을 받기 어렵고 무엇보다 책임감이 강한 요즘의 청년들이 가정을 꾸리는 데 주저하게 된다.

다음으로 결혼을 하게 되면 주택이 필요한데 현재 소득 수준으로 전월세를 전전긍긍하기도 힘들고 둘이 맞벌이를 하여도 내 집 마련의 기회는 결혼기간에 비례하여 더 멀어진다. 부모 세대들은 거의 5년마다 전세에서 자가로 또 더 큰 아파트로 옮겨 다니면서 주택이 중산층으로 진입하는 통로 역할을 해주었다. 부를 축적하는 수단이었고 계층 이동 사다리였다. 하지만 이제 집값이 너무나 올랐고 젊은이들이 자기 집을 갖게 되리라는 희망은 저 멀리 달아나고 있다. 이렇게 일자리와 주택에 대한 장벽으로 결혼을 미루다가 만혼이 되어 아이를 낳지 못하게 되기도 하고 아예 비혼이 되기도 한다. 최근 1인 가구가 전체 가구의 40%를 넘어섰다. 부모에게서 분가해서 결혼을 하는 것이 아니라 아예 혼자 사는 젊은이가 갈수록 더 늘어나고 있다.

이제 서울의 아파트 가격이 평균 12억 원을 넘어섰다. 젊은이들이 집 문제를 해결하기 위해서는 획기적인 발상의 전환이 필요하다. 청년주택보험(가칭)을 신설해보자. 4대 보험과 비슷하게 정부와 직장 그리고 개인이 일정비율을 분담하여 장기리스를 통해 집을 확보하는 데 부담이 없도록 설계하는 것이다. 세계 최초로 도입하는 제도라 저항도 크겠지만 청년의 집 문제가 해결되지 않고서는 저출산의 답도 없다는 절박한 마음에서 출발해보자. 미래가 없는 사회는 희망이 없다. 희망은 어디에 있는가? 끊이지 않는 아이 울음소리에 존재한다.

🔲 교육부터 잡아야 풀리는 인구문제

초·중·고교 학생의 수가 지난 40년간 반토막이 나면서 2018년에 신입생이 없는 학교가 250여 곳이었으며 28개 학교는 문을 닫았다. 차를 타고 시골을 여행하다 보면 많은 학교가 흉물처럼 방치되어 있는 모습이 곳곳에 보인다. 이런 풍경이 앞으로 더 많아질 것이다. 학생 수는 이미 태어난 아이가 정해져 있기 때문에 예측이 가능한 상수이다. 감소된 학생 수에 맞춰 기존의 길을 수정해야 한다.

먼저, 교육의 방향이다. 발전국가 시대에는 인구의 규모가 경제 성장에 기여하는 전형적인 요소투입형 체제였다. 즉 인구가 증가함에 따라 경제가 성장했다. 당연히 교육의 방향도 대량생산체제에 부합하는 평균적 인재를 속도감 있게 양성하여 공급하는 데 목적이 있었다. 비슷한 분야의 지식과 비슷한 실력의 차이로 사회에 나오고 직장을 가졌다. 사회가 매년 팽창하듯이 성장했고 일자리는 늘어났다. 대학 졸업과 동시에 대기업, 중소기업 등을 어느 정도 선택해서 들어갈 수 있었다. 저자 역시 삼성전자에 입사하여 6개월간 인턴 과정을 경험해본 적도 있고 KBS공채 15기로 5년간 근무해본 적이 있다. 기술고시를 합격하여 중앙부처에서 20년간 공직생활을 하였다. 취직자리가 넘쳐났다. 대학을 다니면서 취직 걱정할 필요가 없었다. 요즘 대학생들은 4년 내내 취업공부를 한다. 스펙을 쌓고 자격증을 따고 취직에 유리한 조건을 만들기 위해 대학생활을 보낸다. 대학의 낭만은 사치이다. 그런데도 대학 졸업 후 취직을 하기에는 하늘의 별 따기이다. 최근까지 대졸자의 수가 계속 늘어나는 반면에 대졸자의 일자리는 한정되어 있어서 경쟁이 심해졌기 때문이다. 세계 최고의 대학진학률이 가져다준 일자리의 덫이다. 이생망이 그냥 나온 말이 아니다. 인생의 선배로서 정말 미안한 일이다.

다음으로 수업 방식의 대전환이다. 인구가 줄어들면서 모두가 경쟁 없이 대학에 갈 수 있고 4차 산업혁명은 새로운 인재의 능력과 자질에 대해서도 새로운 기준을 요구하고 있기 때문이다. 과거 학생 수가 증가하던 시절에는 콩나물 교실에서 교사가 교실의 맨 앞에서 전체 학생을 대상으로 주입식으로 강의할 수밖에 없었다. 정해진 기간 내에 정해진 교과서를 가르치고 수업의 내용보다는 수업의 양이 절대적으로 중요했다. 당연히 평가도 일렬종대로 세워 서열화했다. 이렇게 학생과 대학이 서열화되었다. 하지만 이제는 학생 수의 급감으로 잉여교사가 생겨나기 때문에 이를 잘 활용하면 주입식 수업에서 토론식 수업으로 전환이 가능하게 된다.

통계에 따르면 2025년이 되면 잉여교사가 초등학교의 경우 2만 4,000명, 중학교의 경우 2만 명, 고등학교의 경우 4만 명 등 약 8만 명의 잉여 교사가 발생하게 된다. 이들을 정규시간대 토론식 수업에 투입시키고, 방과 후 논문이나 에세이 지도 수업에 투입시키면 사교육을 상당 부분 제거할 수 있다. 한 해 전 국민이 21조 원을 사교육으로 낭비하고 있다. 두 자녀가 있는 경우

월평균 100만 원 내외를 지출해야 한다. 현재의 객관식 수능시험은 사교육을 조장한다. 학원에 가서 시간과 돈 그리고 노력을 투입하면 몇 문제를 더 맞힐 수 있다. 이 몇 문제가 가른 수능 성적으로 대학이 결정된다. 한 번 결정된 대학은 평생을 좌우하고 승자독식의 구조를 견고하게 한다. 어느 학부모가 사교육에 무리하면서 투자하지 않겠는가! 또한 사교육은 절대적으로 부자들에게 유리하다. 기울어진 운동장에서 경쟁은 그 자체가 불공정한 것이다.

잉여 교사의 활용을 통해 자연스럽게 대학입시도 초·중·고교에서 배운 내용을 평가하는 주관식 대입시험으로 개편하는 것이다. 미래의 사회가 요구하는 새로운 인재를 양성하는 것이다. 국가 자산인 잉여 교사들을 퇴출시키기보다는 대한민국의 학생 모두를 4차 산업혁명 시대가 요구하는 능력과 자질을 갖추도록 투자하는 것은 현명한 일이다. 다행히 초등학생 수는 2023년까지 250만 명을 유지하고 2035년까지 220만 명대로 감소속도가 완만하고 중학교 고등학교의 학생 수도 순차적으로 완만하다. 새로운 질적인재 양성 시스템으로 전환할 수 있는 외부환경이 만들어진 것이다. 저출산의 위기를 기회로 만들 수 있는 숨어있던 축복일 수 있다. 교육은 인구구조와 연동될 수밖에 없기 때문에 새로운 길을 찾아야 한다. 변화된 환경에 적응하지 못하면 과거보다 도태하든지 미래로 갈 수 있는 기회를 잃을 수밖에 없는 것이다.

[] 대한민국 주택문제! 해결책은 어디에?

오랫동안 농경국가의 정착민으로 살아온 우리 사회에서 신분제 유지의 기본 틀은 토지였다. 권력의 수단이 토지의 확보이고, 통치의 수단이 토지의 배분이었다. 신분차별이 심했던 유교국가 조선에서 평민이 소유한 토지는 극히 소수였다. 거의 다 소작농이었기 때문이다. 하지만 조선의 몰락과 식민지를 거쳐서 해방이 되었고, 6·25전쟁 중에 시행된 토지개혁은 가히 혁명적이었다.

누구나 본인의 노력과 능력에 따라 토지, 주택 등 부동산을 축적할 수 있는 기회가 열리게 되었다. 농촌의 인구가 단기간에 도시로 유입되었고 주택이 부족해져 토지공사와 주택공사만으로 수요를 감당하기 어려웠다. 주택을 단기간에 대량으로 일시에 공급하기 위하여 주택 구입 예정자로부터 미리 자금을 받아 집을 짓고 분양하게 되었다. 이것이 세계 어디에도 없는 선분양제의 시작이다.

주택소유에 대한 욕망은 남보다 더 열심히 일하게 하는 촉매제였으며 이를 통해 중산층으로 진입하는 가장 빠른 길이기도 하였다. 우리 국민은 토지개혁으로 똑같이 출발하는 성공과 출세의 기회를 가졌다. 그래서 토지에 대해 유난히 집착이 강하다. 이러한 사람들의 욕구를 국가주의로 강제하려다 보니 많은 문제가 나타난다. 이제는 맞벌이 부부가 한 푼도 쓰지 않고 모아도 집을 사는 데 15년 이상이 걸린다고 한다. 사람들이 선호하는 교통과 문화 그리고 교육환경이 좋은 지역을 자꾸 틀어막으니 풍선효과로 다른 지역이 천정부지로 올랐다. 이렇듯 부동산이 모든 사회문제의 알파요, 오메가가 되었다.

정치권은 집을 가진 자와 갖지 못한 자로 편을 가르고 이를 선동하여 표를 모은다. 자기편 세력을 구축하는 핵심 어젠다로 부동산정책을 동원한다. 서울에 집을 사면 부자가 되지만 전세나 월세로 살게 되면 벼락거지가 된다는 것을 잘 알고 있다. 집값을 통제하면 다른 방향으로 튄다. 사람들의 재산 증식 수단이기 때문에 저축을 하고 빚을 내서라도 집을 산다. 가계 부채가 1,800조 원으로 언제 터질지 모르는 뇌관이 되고 있다. 청와대 수석, 비서관, 국회의원과 같은 고위공직자를 포함한 전 국민이 주택에 올인하고 있다. 공정의 가치도 재산 증식의 유혹에는 맥을 못 춘다.

그러면 해법은 무엇인가. 공급 확대가 답이다. 공공부지의 개발과 고도제한 그리고 재개발 및 재건축의 규제 완화가 그것이다. 아울러 평지를 찾아야 한다. 우리는 교과서에서 우리나라는 산지가 70%이고 평지가 30%로 인구밀도가 세계에서 높은 국가라고 배워왔다. 교육의 효과로 평지가 부족하다고 인식하게 만든다. 좁은 국토에 운명처럼 오밀조밀 모여 사는 것을 당연시 한다. 그런데 전국의 토지에서 사람이 거주하는 면적은 3%에 불과하다. 공장부지와 도로까지 합쳐도 6% 남짓하다. 평지가 24%나 남아있는 것이다. 일자리가 대도시나 중소도시에 몰려있다는 제약이 있지만 농지, 임야, 문화재 보존, 수도권 규제, 그린벨트 등 수많은 규제 때문에 집과 공장을 지을 수 있는 지역이 협소할 수밖에 없다. 숨어있는 국공유지를 찾아내고 다양한 용도로 활용할 수 있는 부지를 찾아내야 한다. 아울러 대도시나 중소도시 근방에 평지를 공급하여 소규모 전원주택단지를 수십 군데 만들고 교통망을 잘 구축하면 인구집중 효과를 완화할 수 있을 것이다. 여기에 강변 야산의 4부, 6부 능선에 도로를 내고 자연상태를 유지한 채 고급 주택을 지어 공급한다. 유럽의 파리나 미국의 피츠버그는 강을 이용해서 고급 주택을 공급하고 있다. 1인 1자동차 시대에 맞게 도로망을 조밀하게 건설하면 효과를 거둘 수 있을 것이다.

다음으로 도심지 근처에 시니어타운을 건설하여 노인 주택을 시장에 내놓고 이를 국가가 매입하여 청년들에게 저렴하게 공급하는 것이다. 일종의 주택 스와핑이다. 낡은 주택에 다치기도 쉽고 자식들이 떠나고 두 노인이 살거나 아니면 혼자서 산다. 고독사의 위험도 있고 병사의 위험도 있다. 노인 세대와 청년 세대가 장강의 물이 흐르듯이 자연스럽게 이어진다. 이러한 사례로 일본의 고령자 노인 홈이 있다. 일본은 후지가오카 전철역을 중심으로 변방 1km 안에 75세 이상 고령자 6,000여 명이 노인 홈에서 생활하고 있다. 전철역 주변에 대학 병원, 내과 클리닉 등이 있으며 거주자 대부분이 80대이며 이 중 80%가 혼자서 살고 있다. 그렇지만 모든 생활 인프라가 이들 노인에게 맞춤형으로 설계되어 있어 살아가는 데 문제가 없다.

마지막으로 산에 대한 인식의 전환이다. 1960~1970년대 벌 거숭이산에 산림녹화가 필요했다. 그동안 환경보호 측면에서 산 의 국토적 이용에 부정적이었다. 이제는 환경보호와 국토의 효 율적 이용이라는 측면에서 고려해야 한다. 산이라는 자연의 가 치를 살리면서 신규 토지의 공간을 조성할 수 있는 방안을 생각 해야 할 때이다. 산악의 나라 스위스는 세계 최고의 부자나라이 다. 융프라우에 산악열차가 생겨난 지 수십 년이 지났다. 그 나라 의 자연보호 의식이 우리보다 뒤처져서 개발한 것이 아니다. 산 이 많으니까 자연의 한계를 인간의 지혜로 국부의 원천으로 바 꾼 것이다.

아울러 미국의 국토이용계획은 상상을 초월한다. 남북전쟁 이 후 미국에서 사회간접자본은 철도였다. 주와 주 사이를 잇는 횡 단철도를 건설하는 조건으로 철도에 인접한 공공부지를 정부에 서 민간에게 무상으로 불하하는 방식을 채택하였다. 우리도 산 림공간의 주거단지 조성과 대도심권을 연결하는 도로나 경전철 을 미국의 방식을 벤치마킹해보면 어떨까? 땅값을 낮출 수 있는 획기적 방안이 있다면 혁명적 수준의 발상의 전환이 필요하다.

사실 매일 우리가 마주하는 익숙한 제도도 도입 당시에는 저항이 심했고 낯설었다.

【】인구가 계속 줄어든다! 해결책은?

한국은 축소사회로 변하고 있다. 인구가 감소하면서 교육, 사회, 노동, 복지, 주택 등 사회, 경제 전반에 도래할 소위 축소사회에 대비해야 한다. 축소사회가 되면 산업구조가 재편된다. 한 해 인구 100만 명 이상 태어나던 시절에는 저임금과 저숙련의 대량생산체제였다. 인구가 40만 명 이하로 떨어지면서 고숙련의 노동자가 주도하는 다품종 소량생산체제로 변화한다. 여기에 4차 산업혁명이라는 새로운 산업수요가 변화를 촉진한다. 기존의 생산체제는 자동화와 정보통신기술로 대체되면서 일자리가 축소되었다. 또한 고령화의 진전으로 기존제품에 대한 신규수요가 한계에 도달하면서 내수 확대가 구조적으로 어려워졌다.

아울러 젊은 층의 일자리 구하기가 점점 더 어렵다. 대졸자의 취직자리가 지금까지 획기적으로 늘어나지 않았기 때문이다.

2002년 저출산 세대의 부모들은 70% 이상이 대졸자이다. 대기업 종사자, 금융업계 종사자, 공무원 등이 보편화되었다. 모두가 이러한 직업을 선호하다 보니 획일화되었다. 부모 세대인 베이비부머들이 양질의 일자리를 만들어놓지 못하고 퇴직함에 따라 자식들의 일자리는 이전 세대보다 줄어들었다. 젊은 세대와 노인 세대 간에 바통을 주고받는 교체가 아니라 서로의 영역을 두고 갈등이 생기고 그들 사이에 틈이 생겼다.

따라서 경쟁이 더 심해진다. 모두가 똑같은 일을 하는 자리를 두고 경쟁하기 때문에 한 번 낙오하면 재기하기 어렵다. 기회의 문이 갈수록 좁아지게 된다. 이러한 현상으로 부모 세대들은 자식 세대들이 더 큰 보상을 받을 수 있도록 전문성과 다양성을 가진 직업을 선호함으로써 새로운 직업에 대한 수요를 압박하고 있다. 이러한 경향이 4차 산업혁명과 맞물리면서 기존의 유망 직업은 아침 안개처럼 사라지고 전혀 상상하지 못했던 직업들이 새롭게 나타날 것이다. 미래에는 직장의 주기가 짧아지고 직업의 전문성의 요구는 더 높아진다.

사람의 수명이 늘어나기 때문에 은퇴시기 또한 늦어지게 될 것이다. 부모 세대들은 한 직장에서 은퇴할 때까지 근무하는 것이 미덕이었다. 정년퇴직은 가문의 영광이었고 모든 사람들로부터 축하를 받았다. 하지만 자식 세대들은 생애 2~3번 직장을 옮겨 다니게 된다. 저자의 지인도 회계사로 6년을 근무하다가 로스쿨을 다니고 지금은 변호사로 활동하고 있다. 과거에는 강력한 노조도 노동 안정성을 요구했지만 미래에는 정규직 고용형태에 연연해 하지 않는 것이 일반화된다. 이러한 경향으로 4차 산업혁명에 맞는 고부가가치 신산업을 대규모로 창출하지 못할 경우 상당수 젊은이들이 프리타(프리랜서+아르바이트)를 전전하게 된다. 파트타임으로 평생을 보내게 되는 것이다.

따라서 국가가 나서서 아이를 책임져야 한다. 아이는 미래의 주역이고 모든 아이가 소중하기 때문이다. 육체적으로 정신적으로 훌륭하고 국가 발전에 기여할 수 있는 능력과 지성을 갖춰야 한다. 그러나 점차 개별 가정의 재력과 정보력에 따라 아이의 미래가 결정되고 있다. 운동장이 자꾸만 기울어지고 있다.

누구나 공정하게 경쟁할 수 있는 기회를 제공해야 한다. 국가가 나서서 재산과 소득격차를 보완하고 게임의 룰을 새롭게 정립해야 하는 이유이다. 이를 위해서는 아이에 대한 관점의 대전환이 필요하다. 즉 기존의 출산과 육아라는 복지개념에서 교육의 전 과정까지 포함하는 투자개념으로 확대할 필요가 있다. '요람에서 무덤까지'라는 영국의 〈베버리지 보고서〉를 '출산에서 대학까지'라는 21세기 한국판 베버리지 보고서로 새로이 작성할 필요가 있다. 일례로 프랑스는 GDP의 3~4%를 가족정책을 위해 쓰고 있다. 아이가 부모의 소득에 관계없이 기본적 생활을 유지하면서 대학 졸업 시까지 공부할 수 있다.

한해에 100만 명 이상 태어날 때는 투자수요 예측이 어렵기 때문이 복지정책을 할 수밖에 없었다. 이제는 40만 명 이하로 일정한 규모로 유지될 수 있기 때문에 복지에서 투자로 전환해야 할 필요성이 있다. 이는 경제적 불평등이 커지고 있기 때문이다. 국가가 일률적으로 각 가정에 지원하더라도 소득 수준에 따라 개별 아이에게 투입되는 경제적 총비용은 차이가 나게 되어 있다. 투입대비 효과가 각 가정에 따라 다르게 나타날 수밖에 없다. 아이의 발육과 성장 그리고 진학 등에서 차이가 날 수밖에 없고 부의 세습이 자식 세대까지 이어지면서 계층 이동의 사다리가 끊어지고 있기 때문이다. 가정의 울타리에 아이를 가두는 경우 아이의 미래 성공가능성은 그 울타리의 크기에 따라 정해질 수밖에 없다. 이러한 가정의 경제적 비용 증가와 미래 불확실성의 증가로 인해 개개인이 결혼을 미루거나 기피하며 출산을 포기하게 된다. 부의 세습에 의한 자식 세대의 신분세습을 끊어내야 한다. 이제 저출산 시대를 맞이하여 모든 아이들이 새로운 출발선에서 시작해야 공정하다.

【】 획기적인 방법이 필요해! 인구부의 등장

인구는 미래사회를 결정하는 상수이다. 국가의 운명으로 다가올 수밖에 없다. 미래를 지금이 아니라 10년 후에 변화될 기준점에 맞춰 준비를 한다면 2030년 이후 20~30년간은 매우 안정적인 경제활동 인구를 바탕으로 새로운 도약의 발판이 될 수 있다. 이를 위해 인구부(가칭)를 10년 한시적으로 설치·운영한다. 인구부는 인구정책을 총괄하고, 저출산·고령화시대의 장기 로드맵을 마련한다. 2025년 초고령화사회에 대비하여 여성, 외국인, 고령층의 활용 방안을 강구한다. 아울러 현재의 출산율과 생산가능인구 유지의 상관관계를 설정한다. 삶의 질의 개선과 개인의 행복과 공동체를 지속하는 방안을 강구한다.

여기에는 법과 제도 그리고 예산확보계획 등 구체적 전략과 실행계획을 포함한다. 아울러 저출산·고령화에 대한 통치권의 지속적인 메시지 전달임무를 수행하며 체계적인 대국민 홍보를 통해 저출산·고령화에 대한 새로운 사회적 합의를 주도적으로 추진한다.

사실 인구부의 설치와 운영은 생소한 것이 아니다. 우리는 이미 정보통신부를 설치하고 운영하며 성공한 경험이 있다. 1990년대 초반 서울대 교수들이 정보통신산업의 도약을 위해 정보통신부 10년 한시적 설치·운영에 관한 연구 용역보고서를 작성하였고, 이를 김영삼정부가 채택함으로써 1994년 12월에 정보통신부가 설치, 운영되었다. 학자들의 뛰어난 통찰력이며 혜안이었다. 만약 당시에 정보통신부가 탄생하지 않았더라면 지금의 세계적 위상의 IT산업의 발전은 존재하지 않을 것이다. 시대와 환경 변화에 적시에 대응한 실용주의적 기능별(정보통신)부처의 설립이었다. 정치권 역시 협조하면서 현명한 선택을 하였다.

'산업화는 늦었지만 정보화는 앞서겠다'는 국가의 강력한 의지는 정권의 이념에 관계없이 김대중정부에도 계승되었고 체계적이고 전폭적인 투자와 국민적 관심이 고조되었다. 강력한 리더십과 효과적인 추진체계가 만들어졌고 국민들이 이에 동참했다. 이러한 역사의 경험과 성공의 교훈을 이어받아 인구문제 역시 창조적 파괴가 필요한 시점이다. 따라서 인구부의 즉각적인 설치, 운영도 분명한 시대적 과제이다.

인구문제에 있어서 일종의 컨트롤타워 역할을 수행하는 단독 부처가 존재해야 하는 첫 번째 이유는 막대한 재원계획의 구체성과 실현가능성을 확보하기 위함이다. 정책의 수립단계에서부터 예산당국, 통치권 등과 사전조율과 합의를 거쳐 확정, 발표해야 국민들이 신뢰하기 때문이다.

인구문제는 장기간에 걸쳐 정권에 관계없이 지속적으로 추진해야 하는 국정과제이므로 법률발의권, 예산편성권 등을 자율적으로 행사할 수 있는 단독 부처 설립이 필수적이다. 사실 기존의 부처는 인구문제가 핵심 업무가 아니며 위원회는 일종의 가이드라인밖에 제시할 수 없는 한계성을 가진다. 조직원 역시 파견 직위로 운영되거나 공무원의 선호도가 떨어지는 조직이다. 따라서 위원회가 발표한 정책이 유명무실해질 가능성이 크다.

두 번째 이유로는 인구문제에 있어서 핵심 관련정책을 조정하고 협의해야 하기 때문이다. 출산은 개인의 인생에 있어서 가장 중요한 선택이므로 장기적 관점에서 복합적 요인 즉, 경제문제, 자녀의 성공 문제, 우리 사회의 환경 등을 심도 있게 생각하게 된다. 앞에서도 이야기했듯이 출산에 있어서 중요한 문제점으로는 교육과 주택 그리고 여성의 경제활동 증가로 인한 육아의 어려움 등이 포함될 수 있을 것이다.

따라서 사교육과 대학등록금, 청년주택 공급 그리고 사회의 공동육아의 책임 등에 예산과 세제지원이 따라야 한다. 이를 사전에 협의하고 정책적 의지를 관철시키기 위해서는 단독 부처가 아니고는 어렵다.

셋째, 인구정책을 책임감을 가지고 강력하게 추진할 수 있으며 인구정책이 정치 이슈화되는 것을 최대한 방어할 수 있다. 일례로 정치권이 선거를 의식해 헬리콥터식으로 출산의 현금지원을 여론화할 수도 있다. 이에 인구부는 장기적 관점에서 보육 인프라의 우선적 구축을 확실하게 추진할 수 있는 논리와 명분을 제공할 수 있다. 출산정책이 포퓰리즘정책이 되는 것을 방지하며 대국민 신뢰도를 높인다.

일본은 2015년에 50년 뒤에도 인구 1억 명을 유지하겠다는 '1억 총활약 계획'하에 저출산 담당부서들을 통합해 1억 총활약

담당 장관직을 신설하고 희망 출산율을 1.8명으로 제시했다. 우리와 정책의 세부내용에는 차이가 없지만 정부가 분명한 의지와 목표를 보이고 있는 점이 우리와는 다르다.

지금도 계속 떨어지는 출산율이 정부의 분명한 의지가 없다면 내리막길로 수직 강하할 것이다. 매년 출산율이나 출생아 수 등 정량적 수치는 제시하지 않더라도 장기적인 목표치를 제시하고 여기에 도달하기 위한 방향성을 확실하게 정립할 필요성이 있다.

저출산을 해소하기 위해 삶의 질을 개선하겠다는 것은 확실한 목표가 될 수 없으며 자칫하면 구호나 뜬구름 잡는 소리에 불과할 수 있다. 무책임한 약속이 될 수도 있는 것이다.

정해진 목표치에 어떻게 하면 도달할 수 있을지 구체적인 방법론을 제시하는 것이 실용주의적 접근이다. 인구 감소가 가져온 외부환경을 핵심동력으로 이용하여 1960년대의 1차 도약기에 버금가는 교육, 의식, 제도 등 사회 전반적 개혁을 통해 2020년대를 작지만 강한 국가로 발돋움하는 2차 도약기의 기회로 활용하자. 이것이 정해진 미래이다. 피할 수가 없고 반드시 일어날 일이다.

미래에 반드시 어떤 일이 일어난다면 지금부터 준비하면 어떤 위험도 극복할 수 있다. 문제를 아는데 답을 제시하지 못한다면 문제를 해결할 능력이 없거나 무책임한 것이다.

2

우리 모두 평등하다는
진리를 잊지 않기

【 】 열린 악어의 입을 닫을 수 있을까?

불평등은 사회의 역동성과 효율성 그리고 생산성을 모두 마비시키고 결국은 사회 전체를 침몰시킨다. 이러한 불평등의 진앙지는 어디인가? 첫 번째 파고는 1980년대에 불기 시작한 세계화이다. 오랫동안 철의 장막 뒤에 숨어있던 사회주의 국가들이 이 거대한 물결에 동참하기 시작했다. 경제가 이념을 대체하면서 생존문제가 무대 위로 전면적으로 등장하게 된 것이다.

특히 중국의 등장은 위협적이다. 중국이 우리를 추격하면서 세계시장에서 중복되는 분야에서는 시장 쟁탈이 일어났지만 우리가 비교우위를 가진 자동차 등의 산업 분야에서는 여전히 고성장을 하고 있다. 이러한 분야의 대기업은 강성노조의 경직성으로 대기업의 정규직 임금은 빠르게 상승한 반면 중국의 값싼 노동력과 직접 경쟁해야 하는 중소기업에서는 임금이 정체되었다. 대기업과 중소기업 간 임금격차 역시 더 커지게 되었다. 아울러 제조업의 글로벌 아웃소싱으로 국내 고용이 감소하는 동시에 제조업에서 퇴출된 인력들이 식당, 치킨집 등 요식업, 숙박업, 소매점, 부동산 중개업 등 생계형 서비스업으로 과잉 공급되면서 서비스업의 생산성은 더 나빠졌다. 제조업과 서비스업에 종사하는 근로자의 임금격차가 더 커졌다. 결국 소득격차가 확대되었다. IMF외환위기와 금융위기 이후 한국의 상위 10%의 소득 집중도는 미국에 이어 두 번째이며 소득 집중도속도는 세계에서 가장 빠른 국가가 되었다.

두 번째 파고는 국내의 고령화 문제이다. 60세 이상 노인의 은퇴인구가 확대됨으로써 소득이 없거나 소득이 적은 저소득계층이 급속히 늘어났다. 이들이 저소득층을 두텁게 형성하는 구조적 요인이 되었다. 짙은 안개가 자욱하고 묵직하게 맨 밑바닥에 깔려있는 모습이다. 노인들의 일자리는 임금이 낮은 비정규직이나 임시직 자리밖에 없다. 또 우리나라는 OECD국가 중 은퇴 이후 가장 늦게까지 일을 하는 국가이다. 노인의 연금 등 복지 제도는 충분하지 않은 상황에서 노인에 대한 정부의 이전소득 역시 OECD국가 중 최하위 수준이다. 노인인구의 저소득층 편입으로 소득의 불평등구조가 더 심화된 것이다.

다음으로 계층 이동의 기회 축소이다. 우리 국민의 부의 80% 이상이 토지, 주택 등 부동산에 집중되어 있다. 부동산이 재산 증식의 수단이다. 반면에 선진국은 주식이나 금융자산이 대부분이다. 발전국가 시절 주택 가격이 자기의 소득보다 더 빠르게 증가했고 그 폭도 엄청나게 상승했다. 평생 저축액보다 아파트 가격의 상승으로 부의 규모가 커졌다. 지금도 부동산 가격의 상승 추세가 소득의 증가속도보다 더 크고 빠르다. 이로써 우리 사회의 장래 희망 1순위가 건물주라는 서글픈 자화상이 생겨났다.

이제 부모로부터 물려받은 재산이 없는 젊은이는 능력과 노력만으로 평생 집 한 채 살 수 없게 되었다. 기회의 역동성이 사라진 것이다. 부모의 학력과 경제력이 대물림되면서 중산층으로서의 진입이 어렵게 되었다. 신분이 세습되고 있는 것이다. 마주

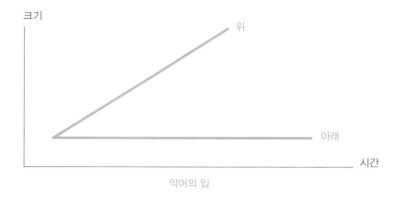

크기

위

아래

시간

악어의 입

보고 달려오는 기차처럼 긴장감이 고조되고 있다. 한때 우리 사회에서 앞에서 걸어가는 사람을 뒤에서 불어주는 바람처럼 서로 도와주던 모습이 점점 더 사라지고 있다. 같은 나라에서 한쪽은 더 커지는 쪽으로 다른 쪽은 점점 더 작아지는 길로 달려가면서 양극단으로 몰리고 있다.

성장의 속도가 빠를 때는 소득격차가 존재해도 사회적 갈등의 정도가 덜하다. 모든 이들의 소득이 비슷하게 증가하고 생활이 나아지기 때문이다. 하지만 저성장국면에 접어들면 고소득층의 소득은 여전히 빠르게 증가하는 한편 저소득층의 소득은 오히려 감소하게 된다. 늘어나지 않는 파이를 나누는 과정에서 기득권은 관성과 이기심에 의해 더 많이 가져가게 되고 없는 자는 더 많이 빼앗기게 된다. 양극단에 서서 고무줄을 서로 잡아당기게 된다. "고무줄이 계속 늘어나기만 할 것인가"라고 묻는다면 답은 언젠가 반드시 끊어지게 되어 있다는 것이다. 이러한 현상은 악어의 입을 생각나게 한다.

그러면 커지는 악어의 입을 어떻게 하면 닫을 수 있을까? 정치가 나서야 한다. 불평등은 정치 실패의 원인이자 결과이기 때문이다. 이를 위해 정치가 적어도 세 가지 일을 해야 한다. 첫째, 인식의 전환을 주도해야 한다. 불평등이 시장경제의 발전에 필수적이라는 인식을 "불평등은 경제와 사회의 정상적인 기능을 저해한다"로 대체시켜야 한다. 이러한 새로운 관념은 교육과 언론을 통해 대중들에게 전달하고 법률 및 규칙을 바꾸는 것에서 시작된다.

둘째, 공동체의 의미를 재구성해야 한다. 즉, 사회 구성원 개개인의 운명이 나머지 99%의 운명과 연결되어 있다는 것을 각인시켜야 한다. 하나의 경제 안에 두 개의 계층이 살아가면서 서로 간의 울타리의 벽을 계속 높이 쌓으면 최악의 사회로 분열되며 이는 결국 상상할 수 없는 바닥으로 떨어지리라는 것을 경고해야 한다.

셋째. 정치가 시장의 힘을 제어하고, 정부가 이에 합세할 수 있도록 도와야 한다. 정책을 바꾸면 보다 효율적이고, 더욱더 평등한 사회를 만들 수 있다는 메시지를 전달해야 하며 정치 스스로 정치 과정을 바꾸고 정책을 주도하는 일에 나서야 한다. 재선 성공을 위한 단기처방이 아니라 인기가 없더라도 미래를 위해 진보와 보수를 넘어서는 결단과 용기가 필요하다. 민주주의국가에서 불평등은 정치의 균형을 무너뜨리고 이러한 정치가 방향을 잃은 경제와 접목되면 상상하기 싫은 결과가 나타난다.

정치의 복원을 통해, 프랑스 정치학자 토크빌이 미국사회 성공의 주요 요인으로 이야기한 "개인적 이익에 대한 올바른 이해"를 새롭게 부각시켜야 한다. 즉, "다른 모든 사람들의 개인적 이익인 공공복지에 관심을 기울이는 것이 자신의 궁극적인 복지를 달성할 수 있는 전제조건이다"는 이 단순한 명제를 계승시키는 일에 정치가 나서야 한다. 아울러 정의의 가치에 자본주의 시장경제 체제가 위배된다면, 아무리 효율적인 제도라 하더라도 사유재산이나 경쟁개념은 개선되어야 한다. 이 역시 정치의 역할이자 몫이다.

【】 계층 이동 사다리가 희망의 시작이다

발전국가 시절에는 경제가 고성장했기 때문에 모두의 부와 소득이 증가했다. 대부분의 국민적 삶은 이전 세대보다 나아졌다. 기회의 평등이 주어졌고 이는 사회적 평등으로 이어졌다. 개인의 능력과 노력에 따라 부와 명예가 성취되던 시대였다. 깊고 평탄한 대평원이 펼쳐졌다. 가난한 사람들이 부유한 사람들과 공정하게 경쟁하여 더 뛰어난 사람들이 성공할 것이라는 사회적 신뢰가 있었다. 기회는 누구에게나 열려있었고 게임의 룰 역시 공평했다. 모두가 위로 올라갈 수 있는 계층 이동성이 허용되던 시절이었다.

하지만 외환위기 이후 게임의 룰이 바뀌고 있다. 2018년 국제 조사에 따르면 한국의 교육불평등이 최고 수준의 국가이다. 소득 상위 20%의 교육비 지출이 소득 하위 20%의 20배 차이가 난다. 이는 교육에 많은 비용을 투입할 수 있어야 좋은 직업을 가질 수 있다는 것이다. 자녀 세대의 학벌은 아버지 세대의 경제적 지원과 비례하는 것이다.

이런 추세를 반영하여 학력격차에 따라 전문직, 고소득층의 소득은 매년 증가하고 있지만 저학력 근로자의 소득은 정체되거나 오히려 감소하고 있다. 교육 수준이 공고한 지위재가 되고 있다. 이제는 바닥에서 태어나면 위로 올라갈 수 없다는 절망감이 광범위하게 퍼져가고 있다. 개천에서 용이 나는 시대가 저물고 있다. 더욱이 뾰족한 꼭대기의 소수의 자리를 두고 경쟁이 격화되면서 제로섬 게임이 되고 있다. 어느 한 명이 올라가면 다른 한 명은 사다리 아래로 떨어져야 한다. 성장이 정체되면서 기회의 문이 점차 닫히고 있기 때문이다.

중상류층이 기를 쓰고 자녀 교육에 더 열정을 쏟고 각종 편법과 탈법의 유혹에 빠져드는 이유이다. 이러한 사회 분위기 속에서 약자에 대한 배려는 강 건너 불구경이 되며 복지재분배는 허공에 떠도는 구호에 그치고 말았다. 이러한 행위는 중상류층이 소위 유리바닥을 까는 것이다. 자녀들이 추락하더라도 받쳐줄 수 있는 튼튼한 방호벽을 설치하는 것이다. 자식들이 우수한 대학에 들어가고 미래에 성공하길 원하기 때문에 학력대물림으로 신분세습을 지키고자 한다. 이러한 경향은 석·박사 학위를 둔 자녀 10명 중 6명이 대학을 졸업했지만 고졸 부모를 둔 자녀 중에서는 대학을 졸업할 가능성이 거의 없다는 것에서 드러난다.

교육은 모든 사람에게 평등을 제공하는 가장 기본적인 가치이지만 교육 수준이 높아지면서 경쟁의 기준도 높아지게 되었다. 석·박사 학위를 필요로 하는 직업이 많아지고 있다. 대졸 일자리는 늘지 않음에도 대졸자가 계속하여 꾸준히 양산되어 왔기 때문이다. 이렇게 교육 수준에 따른 고학력은 높은 소득을 보장하면서 과거의 재산에 의한 계층 이동성을 앞서고 있다. 점차 부모들이 자녀들의 더 높은 교육성취에 올인하는 이유이다. 이러한 학력격차는 소득격차로 이어진다. 현재 중상류층의 60% 이상이 대졸자이며 계층사다리의 맨 꼭대기에 위치한다. 이런 분위기와 현실은 모든 계층 아이들의 교육 목표는 좋은 학교를 졸업하는 것이 되었다. 그렇지만 취학 전부터 시합은 시작되고 중상류층일수록 더 노력한다. 일종의 욕망의 관성이다. 부와 명예 그리고 권력을 지키지 못하면 쇠퇴하기 때문이다.

　　전반적인 경쟁의 과정에서 대입시험은 특히 중요하다. 일종의 병목역할을 하기 때문이다. 여기를 통과하면 중상류층으로 진입하지만 그렇지 못할 경우 좁은 병안에 갇혀 루저Loser로 남아야 하기 때문이다. 일반적으로 어릴 적부터 체계적인 교육과 부모의 관심을 받아온 아이가 좁은 문을 통과할 가능성이 높다. 명문 대학(SKY대학) 학생 수의 몇 퍼센트가 중상류층의 자녀인지, 이 중에서도 강남출신이 얼마인지 통계로 알아보는 것은 어렵지 않다. 2021년도 서울대 입학생 10명 중 4명이 특목고, 영재고, 자사고 출신이다.

이들은 소수의 특정한 능력자로 선별되어 과도한 보상이 주어지며 나머지는 소외되거나 배제되게 된다. 이러한 승자독식의 교육 제도는 패배자의 처벌을 합리화하게 된다. 황갑진 경상대 일반사회학과 교수는 《사회 불평등과 교육》에서 "불평등이 심한 사회일수록 권력, 돈, 명예와 같은 사회 희소가치를 얻을 기회가 주어지는 명문학교 입학이 지나치게 강조되고 학교가 학부모나 학생들의 성공욕구에 편승하여 입시 위주의 교육에 치중 한다"고 지적했다.

《정의란 무엇인가》로 잘 알려진 하버드대학교 마이클 센델 교수가 제22회 세계지식포럼에서 말한 "한국의 입시과열이 불공정을 일으키고 있으며, 가정환경과 소득이 성적을 좌우하고 있다. 너무 이른 나이에 인생이 결정되는 교육 제도가 문제다"라는 이야기를 경청할 필요가 있다. 우리는 교육 기회의 불평등이 전 생애에 걸쳐 나타난다는 사실을 인지해야 한다. 경제학자들은 이러한 현상을 '빈곤의 덫'이라 한다. 사실 유아기의 발육상태는 뇌 발달에 영향을 미친다. 이후 좋은 환경과 조기 교육은 정식 학교 과정에서도 우위를 점할 수 있는 기회를 제공한다. 출발 대기 전부터 이미 불평등하다.

다시 계층 이동 사다리를 복원해야 한다. 누구나 실력으로 경쟁을 통해 사다리의 맨 꼭대기로 올라갈 수 있도록 각종 시험 제도를 부활하고 의대 등도 실력만 있으면 갈 수 있도록 해야 한다. 부모의 재력과 정보력에 의해 로스쿨과 의전원을 갈 수 있도록 하는 제도는 원천적으로 불공정하다. 대입시험의 수시에서 파생하는 부모찬스라는 해괴한 단어를 없애야 한다. 미래를 꿈꿀 수 있는 나라가 진정으로 살아있는 나라이다. 비록 가난하게 태어났지만 출세할 수 있는 제도의 존재는 살아갈 수 있는 한 조각의 희망이기 때문이다.

【】 영어격차 줄이기, 대한민국도 할 수 있다

현재 교육격차의 대부분은 영어격차에서 발생하는 측면이 강하다. 영어격차는 부모의 소득에 따른 사교육비의 투자 비중에 영향을 받는다. 영어격차는 성적격차로 이어지고 결국은 상위권 대학 진학의 성패를 결정한다. 직장에서 성공에 유리한 기회를 제공한다. 이러한 불평등을 해소하기 위해 영어를 개인의 환경이나 배경에 맡겨놓는 것이 아니라 공공재의 개념으로 전환할 필요성이 있다. 누구나 동일선상에서 출발할 수 있도록 기회균등을 보장해야 한다.

기회는 모두에게 공평하게 제공하고 결과는 개인의 노력이나 자질 그리고 능력에 맡기는 방안을 강구해야 한다. 최근 기존에 금지되었던 초등학교 1~2학년의 방과 후 영어수업이 허용되었다. 영어에 대해 국민적 관심도가 높은 반면에 학원, 외국 조기유학, 해외 연수 등 사교육에 따른 영어격차의 확대에 대한 국민적 저항으로 조기 영어 교육이 허용과 금지를 널뛰기하듯이 오락가락해왔다. 이제 어떻게 하면 영어능력을 향상하고 영어격차를 해소할 수 있을지에 대해 지금까지와는 전혀 다른 새로운 발상의 전환이 필요한 시점이다.

정책대안을 모색하는 과정에서 먼저, 글로벌 시대에 영어의 조기 교육이 왜 필요한지에 대한 국민적 공감대를 형성하고 다음으로 누구나 받아들일 수 있는 공평한 기회를 어떻게 구현할 것인지, 마지막으로 학원 등 사교육을 배제하고 공교육이 책임진다는 원칙의 설정 등 사회적 합의를 이끌어낸다. 이 틀에서 최대 공약수를 생각해볼 수 있는 전략이 일종의 공공재인 공중파 방송의 활용이다.

전 세계적으로 북유럽국가의 영어능력은 뛰어나다. 이들 국가는 어릴 적부터 공중파 방송에서 더빙 없이 그대로 영어방송을 내보낸다. 듣기부터 먼저 시작하는 것이다. 이들 국가는 알파벳을 쓰지만 어문이나 문장구조 등은 영어와는 전혀 다르다. 그런데도 여행을 다녀보면 상점, 택시 등 일상생활은 물론이고 국제회의에서도 영어의 경쟁력은 대단히 높다. 이는 언어구조의 문제가 아니라 언어정책이 거둔 성과이다. 어릴 적부터 영어에 대한 노출시간을 원어민 수준같이 꾸준히 늘려왔기 때문이다. 사실 우리의 경우 전문외교관의 경우도 영어는 평생숙제다. 어릴 적부터 듣기훈련과 말하기가 제대로 되어 있지 않기 때문이다. 영어의 경쟁력이 취업이나 승진에 상당한 영향을 미치는 현실에서 영어의 불평등이 발생할 수밖에 없는 구조를 방치하는 것은 국가의 일이 아니다. 외국에 유학을 가서도 자국학생들은 전

공서적을 공부하는 시간에 우리 학생들은 영어를 공부하느라 시간을 투자한다. 이렇게 불리한 상황에서도 외국학생과 경쟁하여 좋은 성적을 거두고 학위를 취득하는 것은 하지 않아도 될 끊임없는 노력과 고통의 결과이다. 이제는 이런 악순환의 고리를 국가가 나서서 끊어야 한다. 외국에 가서도 듣고 말하기만 제대로 되면 적은 노력으로도 공부를 충분히 잘 할 수 있다.

이제 공중파 방송에서 영어프로그램을 더빙 없이 내보내는 방안을 도입해보자. 이는 보편적이고 공평한 영어능력 향상 전략으로 누구에게나 기회를 제공하는 것이다. 전파라는 공공재를 이용하여 영어를 교육에서 언어의 관점으로 개념을 전환하는 것이다. 오전 등교 전이나 오후 등교 후에 각 대상별로 영어프로그램을 시청한 후에 어린이집과 유치원 그리고 초등학교에서 각 단계에 맞는 프로그램을 가지고 수업한다. 단어를 외우고 문장을 해석하는 방식이 아니라 텔레비전 방송내용을 서로 이야기한다. 수업 방식은 각 기관별에 맞게 수준별 방법을 개발한다. 현재 논란이 되고 있는 방과 후 영어수업이나 과도한 영어학원 비용의 문제를 해결해나간다. 각 기관별 선생님은 원어민 수준의 영어능력을 갖출 필요가 없다.

국가기관(교육청)이 개발한 매뉴얼에 따라 녹화방송 내용의 질문과 대답Q&A 을 가지고 지도하면 될 것이다. '가르치는 교사'보다는 '관리하는 매니저'의 역할을 수행하면 된다. 기존의 기관에 근무하는 선생님들이 '영어매니저' 교육만 받으면 충분히 역량을 발휘할 수 있을 것이다. 국가에서 개발된 매뉴얼에 따라 관리해나가면 되기 때문이다. 원어민 선생님을 각 기관별로 배치하려면 엄청난 비용이 필요하다. 정부 예산뿐만 아니라 외국인에 대한 신뢰성 검증문제 그리고 사회문화적 통합문제 등 우리 사회가 치러야 할 비용이 엄청나다. 원어민 교사의 배정에 따라 지출되는 경비와 현재 전국에서 시행되고 있는 영어마을의 성과를 분석해보면 투입대비 효과가 만족할만한 수준이 아닌 것은 자명하다. 언어의 습득 과정은 '듣고 말하기', '읽고 쓰기'가 순서다. 그런데 우리는 거꾸로 영어를 배워왔다. 이제는 순서를 바로잡는 전략이 필요하다. 아기들이 어떻게 말을 배우는지 부모들은 잘 알고 있다. 수많은 반복듣기에서 말을 시작하는 것이다. 천상에서 내려온 소리 '엄마'라는 단어도 그렇게 무한반복에서 시작된다. 한글과 영어는 대체재가 아니라 보완재이다. 다른 언어를 통해 모국어인 한글이 더 윤택해지고 의미가 더 깊어질 수 있다.

언어를 모르고는 다른 나라의 문화를 이해하기 힘들다. 삶의 깊이는 언어에서 비롯된다. 영어를 글로벌 언어로 인정하고 학교 수업뿐만 아니라 생활 자체 내에서 노출 시간을 획기적으로 늘리는 대전환을 시도해야 한다. 우리 국민들만큼 영어에 많은 시간과 노력 그리고 비용을 투입하고도 영어를 잘 못하는 국가는 없을 것이다. 시스템을 바꾸는 발상의 전환이 영어 스트레스를 상당 부분 해소해줄 것이다. 국민 모두가 수년간 영어를 잘하는 꿈을 꿔왔지만 한낱 꿈에 불과하다는 것을 무수히 느껴왔다. 방법을 바꾸면 무언가 변화가 일어난다. 변화는 발전을 수반하며 긍정적 성과로 나타나게 된다.

◖◗ 결국 우리가 바라보는 시선이 문제다

• 넓은 분배가 행복한 사회를 만든다

먼저, 근로자 각자가 충분한 소비를 하는 경우 경기가 활성화된다. 이러한 사례는 1914년 포드자동차가 증명했다. 당시 포드자동차의 T-모델을 생산하는 데에 1일 8시간당 5달러를 지불하기로 하였다. 이는 다른 공장 근로자들의 임금의 3배였다. 많은 비판이 있었지만 구매력이 생긴 근로자들이 T-모델을 구입하면서 포드자동차의 이익은 2년 후에 2배로 뛰었다.

이렇게 소비 성향이 높은 중산층이 소비하지 않으면 기업들이 새로운 장비나 공장 등 신규투자를 하지 않게 된다. 아울러임금이 오르지 않으면 더 나은 삶에 대한 욕망은 빚에 의존하여충족하게 된다. 일종의 빌 게이츠 효과다. 같은 술집에서 술을 마시더라도 빌 게이츠만큼 부자가 아닌데도 마치 부자처럼 착각하는 것이다. 아니면 포기하거나 좌절하면서 사회적 불안 요인이증폭된다.

경제가 발전하면 저임금 단순노동 분야는 공급량이 늘어나면서 임금이 하락하고 고임금 전문직 분야는 수요는 계속 증가하고 임금은 상승한다. 수가 제한되어 있기 때문이다. 따라서 이들소수에게 전체 소득의 대부분이 쏠리게 된다. 이러한 관성은 시간이 지날수록 계속해서 더 커질 가능성이 높다. 불평등의 크기와 속도가 더 크고 더 빠르기 때문에 기존의 길로 따라가서는 불평등을 제압할 수 없다. 하루속히 우회로를 찾아 길목에서 기다리고 있어야 한다. 그래야 가로막고 버티면서 타개할 방법을 찾아낼 시간을 확보할 수 있다.

　아울러 신규 수요를 창출해야 한다. 일본의 경제학자 요시카와 히로시에 따르면 일정 수준까지 지수 함수적으로 성장한 수요는 언젠가 변곡점에 이르며 그후 수요의 정점에 가까워지면서 성장률 제로를 향해 달리게 된다. 경제가 성장하면서 가전제품, 자동차 등 소비재에 대한 수요가 포화상태에 이르게 된다. 소비가 정체되거나 감소하게 된다. 수요 측면의 혁신이 해결책이다. 새로운 제품과 서비스에 대한 수요가 만들어져야 한다. 기존의 흑백 TV에서 디지털 TV 그리고 고화질 스마트 TV로 진화하고 있는 과정이다.

　이렇듯 새로운 소비재가 기존의 소비재를 대체해야 수요가 창출된다. 이와 동시에 공급측면에서도 창조적 파괴를 통해 새로운 제품과 서비스를 만들어내는 혁신 활동이 있어야 경제가 성장한다. 지금까지 기존의 소비재에 대한 욕구의 충족이 장기간 충분하게 이루어져 왔다. 인간의 욕망에 있어서 1차 소비가 있은 후 2차 소비에서는 만족감이 떨어진다. 벤츠를 처음 구입했을 때보다 두 번째 구입할 때 만족도가 떨어진다. 일종의 행복의 체감법칙이다. 3차 산업혁명으로 "모두 다 이루었다"는 말이

빈말이 아니다. 4차 산업혁명의 파괴력이 크지 않다는 조심스러운 의견도 많다. 제임스 와트의 증기기관이나 에디슨의 전기 발명에 비해 영향력이 크지 않을 것이다.

경제가 성장하면 부자들은 자기 몫이 적더라도 이를 받아들인다. 여전히 앞서갈 수 있기 때문이다. 나머지 대다수도 기존보다 더 많은 몫을 갖게 되면 공공투자를 위해 세금을 더 많이 내는 것에 동의한다. 반면에 성장이 지체되거나 정체되어 경제적 증가분이 미미해지면 부자들은 자신들의 몫을 지키기 위해 강하게 저항한다. 부자가 죄인보다 천국에 들어가기가 더 어려운 이유이다. '있는 사람이 더 무섭다'라는 말은 이럴 때 쓰는 말이다. 높은 실업률과 중산층의 임금 감소는 추가적인 세금이나 사회기금(자선금)에 저항한다. 성장과 분배에 대한 비대칭으로 사회가 불안하고 분노하고 좌절한다면 부와 권력을 가진 소수 또한 많은 것을 잃게 된다. 모든 사람에게 혜택이 돌아가야 소수에게도 이익이 된다는 진실을 공유해야 한다.

한국의 경우 해방 이후 극심한 가난과 6·25 전쟁으로 모든 계층이 한배를 탔다. 1960년대부터 1990년 중반까지(1기 도약기) 한강의 기적을 이룬 번영의 시대에는 부와 소득이 고르게 분포되었으며 기업의 이익이 근로자의 소득으로 분배되는 낙수효과가 나타났다. 우리의 노력과 땀과 그리고 열정으로 신화를 창조했다. 그야말로 봄에 씨를 뿌리고 가을에 수확했다. 이와 같이 경제성장과 부와 소득의 폭넓은 공유는 새의 양 날개와 같이 공존하며 나아간다. 역사적 경험이 오늘을 사는 우리에게 교훈으로 남겨두었다. 역사는 변화하는 경제혜택이 극소수에게만 집중되는 시기와 중산층이 번영을 폭넓게 공유하고 빈곤층도 수용하는 시기 사이를 마치 시계추처럼 진동운동을 하고 있다.

우리 사회 역시 'IMF외환위기' 극복 과정에서 국민적 금 모으기 운동과 노사정의 구조조정 합의 그리고 정치권의 화합 등 공동체 의식이 고조되었고 '위기는 기회'라는 말을 확인시켜주었으며 국민이 결집되는 기념비적이고 상징적인 사건이 되었다.

그러나 이제는 상위 10%가 국민소득의 절반 이상을 가져가고 사회적 분열은 극단으로 치닫고 있다. 세계 최고의 자살률, 실업률, 노인 빈곤율 그리고 세계 최저의 출산율 등 미래 삶의 척도와 지표들이 망가지고 있다.

경제 성장의 혜택과 보상의 두 수레바퀴가 어긋나면서 돌아가고 있다. 시간당 생산량은 증가했지만 시간당 실질 소득은 그

속도에 맞춰 증가하지 못하고 감소했다. 삐끗되는 바퀴는 언젠가 멈춰 서게 되어 있다. 이렇듯 부와 소득의 편중은 일종의 도박게임과 같다. 한 사람이 독식하게 되면 나머지 사람들이 게임을 계속하려면 빚을 내야 참여할 수 있다. 돈을 빌릴 데가 없으면 게임은 끝이 난다. 게임의 끝은 비참하다. 모두가 공멸한다. 경제적인 도전과 정치적인 해법을 통해 새로운 경제 체제를 만들어야 한다. 오직 두 개의 길이 있다. 불평등을 줄이는 고단하지만 의미 있는 길로 가든지 아니면 이쪽과 저쪽이 끊어진 길을 생각 없이 가든지 선택은 우리의 책임이다.

• 불평등이 없는 사회? 분열도 사라진다!

러시아에서 전해 내려오는 이야기이다. 부잣집 옆에 한 농부가 살고 있었다. 부자에게는 암소가 한 마리 있었는데 가난한 농부는 평생 뼈 빠지게 일해도 갖지 못할 가축이었다. 농부는 신에게 도와달라고 기도했다. 마침내 신이 농부에게 무엇을 원하느냐고 묻자 농부는 대답했다. "이웃집 암소를 죽여주세요."

정치적 측면에서 선동가들이 중산층의 좌절감과 불안감을 이용하여 극심한 사회불안을 야기한다. 불평등은 어떻게 나치즘으로 이어졌는가. 제1차 세계대전 이후 베르사유 조약은 독일에게 엄청난 배상금을 요구했고 이에 국가가 빚을 갚는 데 어려움을 겪었다. 여기에 1920년대에 초인플레이션으로 높은 실업률과 경제적 빈곤이 확대되면서 극심한 사회불안이 야기되었다. 이때 등장한 히틀러는 민족주의, 극우주의 등 희생양을 내세워 독일인들을 극단으로 몰고 갔다. 이러한 역사적 사실은 사람들이 경제적 위협을 느끼고 삶의 안정이 상실될 때 희생양과 단순한 해법을 내놓는 정치권력에 매력을 느끼게 된다는 사회학 연구를 입증했다. 특정 집단과 사람에 대해 적대감과 반감을 키움으로써 정치 집단이 권력을 잡게 되는 것이다. 사회관계가 파괴되고 의식과 전통이 사라지며 부정적 냄새가 온 사회에 진동하게 된다.

불평등으로 중산층이 일자리를 계속 유지하기 위해서는 기존보다 더 적어진 임금을 받아들여야 한다. 더 적은 돈으로 더 낮은 수준의 생활을 해야 하며 이는 엄청난 상실감을 가져온다. 이러한 현상은 세 가지 형태의 사회분열로 나타난다. 첫째, 인간의 행복을 반감한다. 사람들은 스스로 어떤 일에 대한 성취에서 오는 행복보다 상실에 대한 고통이 더 크다.

둘째, 중산층으로 하여금 미래의 기대감을 포기하게 만든다.

실망과 근심으로 삶의 활력이 사라지고 무기력에 빠지게 된다. 미래에 대한 꿈과 희망을 접게 만든다. 지금은 아니더라도 미래에는 물질적으로 더 풍요로운 삶을 살 수 있을 거라는 기대감이 있어야 견디고 이겨나갈 수 있다. 노암 촘스키는 그의 최신작《불평등의 이유》에서 "대공황시절 지금보다 상황이 훨씬 나빴지만 좋아질 것이라는 기대가 있었다. 정의와 평등과 자유를 더 많이 누리고 억압적 계급구조가 무너지는 미래를 믿었다"라고 말한다. 우리 국민들은 자신의 노력과 능력 그리고 열정에 따라 그들의 자녀들이 더 나은 미래에 살 수 있을 것이라고 믿어왔다. 부모 세대들은 산업화와 민주화로 부의 공간을 직접 만들고 계층 이동의 사다리를 이끌어온 역사적 경험을 갖고 있다. 그러나 외환위기 이후 확연히 보이는 불평등의 징표 이후 이러한 가능성의 세계는 사라지고 있다. 이제 부모 세대들은 열린사회와 기대사회에 대한 집단적 기억상실증에 빠져있다. 더욱이 지금의 자식 세대들은 가난에서 번영으로 도약한 국가의 성공에 참여한 경험이 없다. 즉 부모 세대들의 미래에 대한 포기와 자식 세대들의 경험의 단절은 우리 사회를 한꺼번에 심각한 집단우울증에 빠지게 한다.

셋째, 불평등은 상대적 상실감을 가져온다. 상류층의 부와 소득은 계속 증가하고 중산층의 소득은 정체되거나 감소하면서 악어의 입이 점점 벌어지기 때문이다. 이러한 상실감은 무력감과 초라함 그리고 좌절감을 가져온다. 그래서 역사적으로 부와 소득의 거대한 격차는 정치적 불안정을 가져왔다. 이것이 역사적 교훈이다. 20세기 미국의 멘켄은 "부유함이란 적어도 처제의 남편보다 1년에 100달러 이상을 더 버는 것"으로 간단하게 규정했다. 상대적 박탈감을 나타내는 우리의 속담에는 '사촌이 논을 사면 배가 아프다'라는 말이 있다. 배고픈 것은 참을 수 있지만 배 아픈 것은 참기 어렵다는 사람들의 자존심 때문이다. 이렇듯 불평등은 공동체를 악화시키고 불안감을 가중시킴으로써 쿠데타와 혁명 또는 대규모 폭력적 소요가 발생한다. '월가를 점령하라'와 이스라엘 대기업의 경제적 집중을 타도하기 위해 벌렸던 대규모 국민저항운동 등이 그 사례이다.

시장경제에서 부는 적대감보다는 야망을 자극한다. 이 역시 끝이 보일 때 이야기이다. 부자는 다른 세계의 그들이 아니라 내가 그렇게 되고 싶은 일종이 우상이다. 그런데 이게 깨졌다. 끝이 닫히고 암흑천지가 되면 사람들은 포기하고 뒤돌아선다. 부자를 공격하게 된다. 절망과 좌절감 그리고 분노는 기울어진 운동장에서 공허한 메아리만 뱉어낼 뿐이다. 불평등은 어느 국가든, 어느 시대든 시장경제 체제 안에서 발생할 수밖에 없다. 하지만 우리 사회의 불평등 수준이 물방울이 끓는점 100℃(임계점)에 모여드는 시점에 와 있다. 물이 끓기 시작하면 액체가 기체로 변한다. 물의 성질과 형상이 완전히 바뀐다. 사회가 극심한 혼란 속으로 들어갈 수 있다. 따라서 불평등이 갈수록 커지는 사회에서 이를 바로잡기 위해서는 기존 방식을 고수할 것인지 새로운 개혁을 받아들일 것인지 선택을 해야 한다. 그러나 두려워할 필요가 없다. 늘 올바른 선택의 길은 훌륭한 결과를 가져오기 때문이다.

3

시대가 변했다
좋은 일자리도 변했다

【】 일자리, 바른길로 가면 답은 나온다

일자리는 경제 성장의 결과로 만들어진다. 이러한 진리는 경북대 이정우 교수가 명쾌하게 정리했다. 그는 "일자리라는 마차는 경제 성장이라는 말이 끄는 결과이기 때문에 마차를 말 앞에 둘 수 없다"고 했다. 저성장 국면에서도 새로운 일자리를 만들기 위해서는 경제 성장만이 답인 것이다.

먼저, 경제 성장은 투자에 의해 이루어진다. 즉 투자는 가격과 노동 비용을 감안하여 이윤이 있을 때 이루어진다. 즉, 불확실성이 제거될 때이다. 경제환경이 우호적이고 기업가 정신이 왕성할 때 일어난다. 마지막으로 규제가 제거될 때 일어난다. 기존 산업에서 초과수요가 발생하기 어렵기 때문에 신산업의 규제가 혁파될 때 일자리가 창출된다.

사실 일자리를 만들고 싶으면 그냥 만들면 된다. 또 임금을 올려주고 싶으면 정부가 세금을 걷어서 직접 주면 된다. 민간의 것을 빼앗아 나누어주는 것은 누가 봐도 나쁜 일이며 하책이다. 규제 혁파를 하면 일자리가 만들어진다는 것을 알고 있는데 이걸하지 못한다면 용기없는 행동이다. 아울러 일자리가 규제 때문이 아니라면서 갖가지 이유로 합리화하는 것 역시 비겁한 모습이다. 일종의 심리학에서 이야기하는 인지부조화이다. 꽤 오래전부터 제조업은 대기업의 높은 생산성 때문에 더 이상 고용을 늘리지 않고 있으며 중소기업은 낮은 생산성 때문에 성장여력이 없어서 고용을 늘리지 못하고 있다.

이렇듯 국내 제조업은 고용 없는 성장상태에 있다. 더욱이 제조업이 이동하고 있다. 처음에는 저임금 업종을 중심으로, 최근에는 첨단 분야까지 해외로 이전하고 있다. 삼성전자 베트남 휴대폰 공장에 현지인 13만 명을 고용하고 있다. 현대 자동차 역시 해외 이전을 가속화하고 있다.

복잡한 규제 등으로 매년 일자리 12만 개가 해외로 유출되고 있다. 국내의 투자를 촉진하기 위해서는 입지와 세제, 규제개선, 고용지원 등 산업정책이 제대로 작동해야 한다. 아울러 제조업 붕괴를 막기 위해서는 기업 연구소는 국내에 남겨두어야 한다. 일정량의 시제품 생산 라인의 확보를 통해 제조업이 다시 부활할 수 있는 불씨를 만들 수 있다.

"애국심만으로 국내에서 공장을 운영할 수 없다"는 말을 새겨들어야 한다. 규제개선과 원가경쟁에 유리한 생태계를 통해 수익성이 보일 때 기업들은 스스로 떠나지 않는다. 이와 함께 소득과 성장의 연결고리인 서비스업을 육성해야 한다. 서비스업에서 대규모 고용창출이 일어나기 때문이다. 자영업 등 저임금 저부가가치 서비스업이 아니라 소프트웨어 등 고부가가치 서비스업을 확대해야 한다. 이를 위해 대규모 창의인재, 융합인재를 양성하고 장단기 교육 과정을 대학에 적용시켜 나가야 한다.

아울러 자영업의 근본적인 문제를 해결하기 위해서는 일자리 수를 늘리고 동시에 구조조정을 통해 재교육과 복지를 확대해야 가능하다. 제조업과 자영업 간의 건전한 순환 시스템이 구축되어야 한다. 《한국의 경제생태계》에서 제기된 생성-성장-소멸-재생산의 산업 생태계의 조성이 필요하다. 이를 통해 만약 영세 자영업자의 수를 반으로 줄이면 업주당 매출과 이익이 2배 이상 늘어날 것이다. 이 역시 일자리가 만들어져야 가능한 일이다. 현재 자영업자 수가 660만 명이다. 4명 중 1명이 자영업에 종사 중이다. 제조업에서 구조조정된 근로자가 자영업이라는 막다른 골목으로 뛰어든다. 일자리를 잃고 갈 곳이 없기 때문에 하는 수없이 달려든다. 미래가 어둡다는 것도, 성공하기 힘들다는 것도 잘 알고 있다.

정부가 해야 할 일은 신규 일자리를 만들어내는 것이다. 이와 함께 이들이 새로운 직업을 찾거나 창업을 할 수 있도록 재교육도 확대해야 한다. 자영업 구조조정의 가장 확실한 방법은 양질의 일자리를 만드는 것이다. 일자리는 기술혁신에 의한 생산성 증가에 의하여 일어난다. 특히 4차 산업혁명 시대에는 생산성이 높은 고숙련 일자리가 더 많이 만들어지고 생산성이 낮은 다른 쪽 일자리는 사라진다. 생산성 증가는 국가의 부를 창출하기 위해 반드시 가야 할 길이다. 그렇지만 생산성이 경제 성장에는 유용한 것이라 해도 마치 트로이 목마처럼 우리의 심장부를 공격할 수 있다.

생산성이 증가함에 따라 불평등이 커지기 때문이다. 경제는 성장하는데 분배가 왜곡된다. 일종의 생산성의 역설이다. 만약 생산성이 낮아 성장을 못하는데 부의 축적보다 더 많이 나누어 주면 국가가 빚을 질 수밖에 없다. 그리스, 아르헨티나 같은 국가들의 사례를 봐도, 포퓰리즘의 끝은 국외로 탈출임을 보여주고 있다. 우리 국가가 지속적으로 세계무대에서 경쟁력을 유지하고 고령화사회에 대응하기 위해서는 생산성을 더 키워갈 수밖에 없으며 이와 함께 발생하는 불평등은 국가가 개입하여 해결해야 한다. 생산성의 상층부의 증가속도가 하층부의 증가속도보다 더 빠르게 해야 하는 것이다.

그런데 현재 정부는 민간부문에서 일자리를 만들지 못하고, 국민의 세금으로 일자리를 늘리고 있다. '정부가 가장 모범적인 고용주'라는 자조적인 이야기가 유행어가 된다. 여기에는 젊은 이들의 공무원에 대한 선호도 한몫을 한다. 최근 들어 공무원의 처우가 대기업만큼 높아졌다. 매년 임금이 인상되고 있고 퇴직연령도 민간보다 길다. 공무원의 전 생애 소득이 민간부문보다 더 높아졌고 우리 사회에서 중산층 이상의 지위를 공고히 하고 있다.

이와 함께 정시 출퇴근, 출산휴가 보장, 해외 훈련 등 각종 복지 서비스가 좋다. 직장이 안정되고 사회적 신분도 높은 편이다. 세종시 지역의 출산율이 전국 최고 수준이라는 점이 이를 반증한다. 아울러 요즘 젊은이들이 대기업 등 민간에서 도전적이고 모험적인 삶보다는 삶과 일의 균형(워라밸)을 추구하는 세태도 반영되어 있다.

그러나 일본은 우리와 반대의 길을 걷고 있다. 공무원 공채 경쟁률이 역대 최저이다. 공직과 민간의 근로 여건이 비슷하고 경기가 좋아지면서 민간에 양질의 일자리가 많이 만들어졌기 때문이다. 창의적이고 혁신적인 인재를 요구하는 4차 산업혁명 시대에 민간부문보다 공무원에 인재가 몰리는 사회는 활력이 저하되고 생산성이 떨어진다. 이러한 일자리의 기이한 모습은 제대로 일을 하지 못하는 정부의 책임이 결코 적지 않다.

아울러 개개인도 좋은 일자리에 대한 인식과 관념의 틀을 바꾸어야 한다. 먼저, 일자리가 계속 늘어날 것이라는 환상에서 깨어나야 하며 다음으로 좋은 직장에서 평생을 보낼 것이라는 기대를 접어야 하며 마지막으로 미래에는 지금과는 다른 직업이 생겨날 것이라는 것을 받아들여야 한다.

일자리의 값이 올라가면 일자리의 수요가 줄어든다. 일자리는 물건값과 같다. 가게에서 물건값이 비싸면 안 팔린다. 단순화하면, 일자리가 생기지 않는 이유는 비정규직의 정규직화, 최저임금 인상, 근로시간 단축 등으로 일자리의 값이 높아졌기 때문이다. 문제는 속도이다. 최저임금 인상이나 근로시간 단축 등의 선의의 정책목표를 가졌다 하더라도 일자리가 생기는 속도보다 일자리를 없애는 속도가 더 빠른 것이 문제이다. 일례로 탈원전으로 원전을 폐쇄할 경우 하루아침에 원전 종사자뿐만 아니라 설계업체, 하청업체 등에 연쇄적으로 대량 실업이 발생한다. 하지만 일자리를 만드는 측면에서는 태양광 등 대체에너지를 건설하고 경쟁력을 확보하는 데 수년씩 걸린다.

【 】 대한민국의 새싹창업자들을 위하여

창업 생태계는 자연 생태계와 닮아 있다. 창업자 즉 씨앗이 튼실해야 하고, 시스템 즉 토양이 비옥해야 한다. 아울러 창업에 우호적인 분위기 즉 기후, 일조량 등 자연환경이 좋아야 한다. 창업은 혁신형 창업과 생계형 창업으로 구분할 수 있다. 현재 자영업자가 660만 명 수준인데, 더 이상 생계형 창업으로 사람들을 내몰아서는 안 된다. 편의점 공화국이라는 표현에 우리 사회의 오명을 그대로 담고 있다. 한 집 건너 음식점, 술집, 커피 전문점, 빵집이다. 작은 운동장에서 서로 살기 위하여 아우성치고 있다. 혁신형 창업이 정답이다.

• 창업자씨앗 싹 틔우기

혁신형 창업에는 먼저, 경력형 창업이 있다. 이는 중소기업에서 상당한 경험을 쌓은 후에 창업을 하는 경우를 말한다. 전문지식과 노하우 그리고 축적된 인맥 등을 활용하기 때문에 성공가능성이 높다. 이는 개인적으로는 미래의 보상에 대해 기대치를 높여주며, 중소기업 입장에서는 우수한 인재의 수혈에 유리하다. 현재 낮은 임금과 열악한 근무환경 그리고 좋지 않은 사회적 평판으로 중소기업의 취업을 기피하는 현상을 완화할 수 있다. 일례로 중소기업 경력 5년 이상의 근로자가 창업을 할 경우 자금, 설비, 구매 지원 등 파격적인 창업지원 제도를 도입한다. 기술도용과 영업비밀 방지 등의 사전적 방어 장치를 도입하여 부작용을 최소화한다. 그러면 중소기업 경영자 입장에서는 우수한 인재를 계속 고용하기 위하여 임금이나 노동 여건의 개선 등의 노력을 할 것이고, 근로자는 창업을 준비할 것인가 아니면 계속 잔류할 것인가에 대해 고민하면서 더 노력하게 될 것이다. 기업과 근로자가 다 함께 경쟁하면서 시너지효과를 가져온다. 창업의 성공은 기술 등 컨텐츠도 중요하지만 창업 관련 행정체계와 시장의 흐름 그리고 인맥의 활용 등 일종의 사회적 자산이 좌우하는 경우가 많기 때문이다.

다음으로 대기업의 경력자 창업이다. 대기업의 경험과 전문지식은 창업 성공에 엄청난 효과를 가져온다. 대부분 신산업 분야이면서 고용창출효과가 크고 성장 잠재력이 높은 분야이다. 국부 창출에 크게 기여할 수 있다. 현재 삼성 등에서 전략적 사내 벤처를 확대하고 있으며 일부에서는 큰 성공을 거두고 있다. 삼성은 청년 1만 명 이상의 소프트웨어를 교육한다. 자격은 4년제 대학졸업자로서 월 100만 원의 교육비를 지원하고 집중적인 코딩 교육을 실시한다. 교육과 연계된 자기주도형 프로젝트를 통해 창업으로 연결되도록 한다. 또 5년간 사내외 스타트업 500

개 과제를 지원한다. 신생, 예비창업자도 지원이 가능하고 최대 1억 원의 개발비를 지원하며 삼성 서울 R&D 캠퍼스에 1년간 무상으로 입주한다. 소프트웨어 교육과 창업이 선순환적 연결성을 갖도록 하여 창업의 성공가능성을 획기적으로 높이고 있다.

SK하이닉스 역시 사내 벤처창업과 사내 사업화를 실시한다. 사내 직원들 사이에서 실현가능성이 높고 사회적 가치를 창출할 수 있는 아이디어를 발굴한다. 여기에 창업 장려금을 지원하고 회사가 지분을 투자한다. 특이한 것은 이들이 실패했을 경우에도 재입사를 보장한다. 사내 사업화로 이익이 발생할 시 해당 구성원에게 일정한 지분을 배정한다. 대기업의 정보력과 글로벌 시장 네트워크는 큰 자산이 된다. 본가가 잘살면 분가하더라도 든든하다. 정책 설계에 따라 엄청난 파급효과를 가져올 수 있다.

국가가 체계적으로 그리고 지속적으로 지원할 수 있는 시스템을 민간이 함께 구축하자. 상공회의소 등 경제단체를 통해 지원 분야와 지원내용 등의 수요를 발굴하고 이를 지원하기 위한 제도와 규칙을 마련하자. 대기업 경력자는 그 자체가 우수한 인재이므로 잠재력이 있고 파괴력이 높다. 미래국가의 돌파 산업으로 조직적인 접근을 하자. 이러한 창업 집단은 이미 대기업에서 충분한 검증을 거쳐 선발되었다. 창업 아이디어, 비즈니스 생태계, 성공 가능성을 사전에 검토하였다. 제2의 한강의 기적은 기존의 대기업(재벌) 대신 대기업 벤처가 핵심동력이 될 수도 있을 것이다. 대기업의 창업에서 벤처기업으로 성장하고 중견기업과 대기업으로 성장할 수 있는 환경을 조성해나가자. 미국의 서부 캘리포니아에서는 동부나 중부에서와는 달리 기존의 회사에서 나온 엔지니어들이 그곳에서 습득한 기술을 바탕으로 사업 시작을 허용했다. 오늘날 실리콘밸리의 성공은 제도와 규칙의 대대적 혁신에서 비롯되었다는 것을 교훈으로 받아들여야 한다.

대학교수 등 고급인력을 동원한 창업도 있다. 그들은 경험과 지식을 갖고 있으며 무엇보다도 능력을 갖고 있다. 시장 동향 등 현실적 감각이 있으며 지금은 불투명해 보여도 미래는 성공할 가능성이 있다는 직관을 갖고 있다. 그런데 이들은 현재 고용 안정성과 논문에 안주하면서 기존의 자리를 지키고 있다. 우리와는 달리 미국은 대학교수가 벤처 창업에 나서고 독일은 정부출연연구소의 연구원도 고용 보장이 안 되기 때문에 창업에 뛰어든다. 먼저 대학교수나 출연연의 고급 인력을 창업자원으로 활용하면 성공 확률이 높고 고용 창출과 성장 기여도가 큰 혁신형 창업이 가능하다. 저출산 시대 대학의 구조조정으로 발생하는 대학교수와 국가 R&D 시스템의 구조개혁으로 발생하는 연구원들을 대규모 창업 군단에 편성한다. 즉 국가 인재 재배치 계획을 새롭게 짜는 것이다. 이들 고급인력에게 세제, R&D 자금 등 창업을 지원하는 인센티브를 재설계하자. 한 번 실패하면 모든 게 닫혀버리는 것이 아니라 한 번 실패해도 다시 일어설 수 있는 믿음과 약속 그리고 환경을 재구축해나가야 한다.

다음으로 연구소기업의 활성화이다. 연구소기업이란 정부출연연구기관이나 대학이 가진 기술을 사업화하기 위해 설립하는 기업이다. 일반적으로 연구기관이 기술을 출자하고 민간 기업이 자본을 대는 방식으로 세운 기업으로 법인세의 감면이나 연구개발R&D 비용을 지원한다. 국내 1호 연구소기업인 콜마비엔에이치는 설립 10년 만에 매출 4,000억 원을 기록했다. 2006년 한국원자력연구원이 방사선 기술을 출자하고 화장품 기업 한국콜마가 자금을 대고 설립했다. 연구소기업에서는 연구기관이나 개인 연구원이 기업 지분을 가질 수 있어 지속적으로 상업화 과정에 참여해 성공 가능성을 높인다.

아울러 대학 동문 창업이 있다. 이는 대학을 졸업한 동문 중에서 창업한 동문을 선발하여 자본도 연결해주고 공간도 빌려주고 학교 교수들이 자문해주는 일종의 동문기업이다. 벤처가 기술, 경영, 법률 등에 취약하기 때문에 공대를 중심으로 학교의 전체 단과 대학이 협력하는 시스템을 구축한다. 지금 학부생(씨앗)의 창업능력이나 자질은 더 키워야 하므로 이미 산업계에서 5~10년 정도 경험을 축적한 30~40대동문(묘목)을 좋은 토양에 이식하면 성공 가능성이 높아진다.

폴 크루그먼의 《지리경제학》에 따르면 실리콘밸리는 스탠포드대학의 부총장 프레더릭 터먼의 주도에 의해 창출되었다. 대학이 휴렛 패커드에 초기 지분을 제공하고 그 기업은 실리콘밸리의 핵심이 되었다. 대학은 대학부지에 연구단지를 설립하였고 거기에는 처음에는 휴렛 패커드 등 다른 많은 기업들이 입주하였다. 대학 그 자체를 통하여 축적 과정이 진행되었다. 연구단지로부터의 수입은 스탠포드대학이 과학과 공학에서 세계적 수준의 위상으로 상승하는 데 필요한 재원 조달을 도왔고, 대학의 위상 제고는 실리콘밸리를 첨단 비즈니스의 매력적 장소로 만드는 데 기여하였다.

마지막으로 해외 창업이 있다. 최근에는 국내에 고급 일자리가 많지 않다. 글로벌 경제 시대에 세계 전체가 시장이다. 젊은 이들에게 "세계는 넓고 할 일은 많다"라는 인식을 심어주고 꿈을 실현할 수 있는 기회를 제공한다. 해외를 겨냥한 첨단기술이나 해당 국가의 수요에 부응하는 맞춤형 창업을 추진한다. 국가기관별로 협업을 통한 진출국가와 해당 분야의 선정과 선발 그리고 교육과 사후관리를 패키지로 지원하는 시스템을 구축한다. 국가별 적합성, 수요대상 등을 외국 주재 대사관과 코트라를 중심으로 실시한다. 인문사회 계열의 국책연구기관은 해당 국가의 문화와 언어 그리고 전통을 연구하여 제공한다.

다음으로 대학을 포함한 직업 훈련기관을 통하여 해당기술이나 창업 분야를 6개월에서 1년 정도 교육한다. 총리실 산하에 해외 일자리 지원단(가칭)을 두고 예산과 지원 사항을 체계화한다. 우리가 아시아의 변방, 조용한 아침의 나라에서 이제 깨어날 때가 되었다. 우물 안에 갇혀있는 개구리가 되어서는 안 된다. 구호나 선전이 아니라 국가가 처음부터 끝까지 책임지는 인식과 시스템이 구축될 때 젊은이들이 믿고 나선다. 일과 소득 그리고 해외의 경험을 통한 삶의 가치를 한층 더 높여보자. 아무런 대책 없이 젊은이들에게 중동이나 동남아시아로 가라고 하는 것은 무책임하고 무능한 독선일 뿐이다. 국가 운영의 리더가 이러한 철학적 배경을 갖고 이에 맞는 정책의 설계를 해나가도록 해야 한다. 국내 시장은 구조적으로 작기 때문에 이를 극복할 수 있는 특단의 대책을 마련해야 이 난관을 돌파할 수 있을 것이다.

• 창업투자시스템, 토양에 거름 듬뿍 주기

씨앗이 잘 발아하기 위해서는 토양이 비옥해야 하듯이 초기 창업에 대한 투자가 활성화되어야 한다. 하지만 여전히 은행이나 투자기관 그리고 개인들이 초기 창업 투자에 나서지 못하고 있다. 비록 창업 아이템(씨앗)이 훌륭하다고 하더라도 초기에 투자가 지속적으로 이루어지지 않으면 싹이 트고 성장하기 어렵다. 우리 사회의 벤처환경에서 죽음의 계곡Death Vally이 깊고 넓은 이유이다. 먼저 초기 창업 투자에 대한 불확실성이 높다. 은행 등이 투자보다는 담보능력을 요구하고, 공공펀드가 초기 창업에 투자하지 않는 이유는 창업 아이템에 대한 확신이 부족하기 때문이다.

다음으로 투자 리스크에 보장 장치가 별로 없다. 초기 창업 투자에 대한 확신이 없는 상태에서 미래 수익을 위해 투자를 하는 것은 위험 부담이 너무 크다. 특히 공공펀드의 경우 공격적 투자를 감행하기 어렵다. 국가 예산의 성격이 강하기 때문에 손실에 대한 부담과 책임에서 자유롭기 힘들다. 아울러 엔젤 등 개인투자자 역시 투자 리스크에 대한 보장이 없는 한 초기 창업 아이템에 투자하기가 쉽지 않다.

영국의 테크시티에서 운영 중인 SEIS Seed Enterprise Investment Scheme를 보자. 이는 일종의 크라우드 펀드이다. 이 모델은 투자자 입장에서 투자에 실패해도 투자자금을 세금 공제 등을 통해 상당부분 회수할 수 있도록 설계되어 있는 공적 시스템이다. 저금리 기조에서 은행에 예치하기보다는 창업에 투자하는 것이 더 큰 이익이 된다. 예를 들어 1억 원을 투자했을 경우 어떤 경우에도 7,500만 원을 돌려받을 수 있다. 어쨌든 투자 원금의 75%를 돌려받게 설계되어 있다.

투자금에 대한 보증장치가 되어 있기 때문에 투자 수익을 기대하는 많은 사람이 투자하면서 활성화되고 있다. 개인의 책임 하에 투자를 결정하기 때문에 해당 기업에 관심이 많고, 기술과 제품에 우호적 분위기가 넓게 조성된다. 이러한 성공은 초창기 영국 북부의 몇몇 개의 회사가 불과 2년 후에 수백 개 이상으로 확대된 사실에서 알 수 있다. 사회학적으로 사람들은 성공보다 실패에 대한 두려움이 크기 때문에 이러한 보증장치는 창업 투자를 촉진하는 기폭제가 될 수 있다. 정책을 설계할 때 고려해야 할 사항이다. 정부의 역할은 기존의 창업 투자의 촉진정책을 거꾸로 볼 수 있는 용기를 가져야 한다. 수십 년간 해온 보고서의 제목만 바꾼다든지, 흘러간 레코드를 다시 트는 하책을 이제는 그만두어야 한다. 학자와 전문가 등이 실효성 있는 대안의 제시 없이 정부에 대한 혹독한 비판의 목소리는 자기의 민낯만 드러낼 뿐이라는 사실을 인식해야 획기적 변화조치가 만들어질 수 있을 것이다.

창업이 활성화되기 위해서는 여러 제약 요인을 극복해야 한다. 먼저 문화적 요인이다. 우리는 전통적으로 농경사회에서 살아왔다. 정착민이었다. 현실에 안주하고 이동을 싫어하는 특성을 갖고 있다. 이와 함께 사농공상의 유교문화는 새로운 도전정신에 소극적이다. 20세기 중반에 스웨덴 사회과학자 군나르 뮈르달이 전통과 위계를 중시하는 유교문화가 사람들이 위험을 감수하고 혁신에 나서기를 꺼리게 만듦으로써 동아시아국가들의 성장을 가로막을 것이라고 내다보았다. 이는 지금의 한국, 일본

등 동아시아의 성공을 전부 다 설명하지 못한다. 최근의 연구에 따르면 교육 등 국가 시스템이 어떻게 작동하느냐에 따라 사람들의 행동 양식이 달라질 것이라는 주장이 어느 정도 설득력을 얻고 있다. 그럼에도 소극적인 체면 문화적 요소는 여전히 존재한다. 반면에 미국의 경우 콜럼버스의 신대륙 발견과 서부의 개척으로 도전정신이 강하다. "새로운 산업의 탄생은 실패에서 태어난다. 실패는 성공의 어머니이다"는 말을 미국 등 선진국은 관습법처럼 받아들인다. 우리의 성공 방정식은 모방을 통한 추격이었다. 따라가기였다. 도전은 실패에 따른 희생만 있는 것이 아니다. 기술과 노하우가 축적된다. 이렇듯 투자는 실패해도 좋은 길, 가보지 않은 길에 해야 한다. 앞서간 그들을 따라가면 평생 그들의 그림자만 밟게 된다. 이제는 생각과 관념을 바꾸어 나가야 한다. 옛날에는 1등이 지나가고 나도 뭔가 건질 수 있는 공간이 남아있었다. 그러나 미래에는 1등이 지나가고 나면 초토화 된다. 티끌 하나 남지 않는다. 마치 태풍이 쓸고 간 자리처럼 된다.

우리만의 독특한 창업문화를 활성화하기 위해 일자리 관련 국민 대토론회(가칭)를 개최하는 것을 생각해볼 수 있다. 즉 중앙정부 차원에서 어느 광역시·도가 일자리 관련 대대적 혁신을 할 수 있는지 상금을 내걸고 전국적 공모를 실시하는 것이다. 주요 제안 분야는 1) 근로자 재교육을 위한 플랫폼 2) 혁신형 창업촉진 프로그램 3) 자치단체별 고유형 일자리 창출이 될 수 있을 것이다. 이러한 시도는 과제의 기획에서부터 작성까지 지역의 학자와 전문가 그리고 공무원 등이 참여하여 일반 시민들의 관심 속에 진행되기 때문에 지역 실정에 맞는 일자리 방안이 제시될 수 있을 것이다. 선정된 지자체의 전략은 전국의 시·도로 확대해나간다. 비록 과제가 탈락된다 하더라도 준비 과정에서 상당한 학습효과를 얻을 수 있다. 중앙에서 기획된 일자리정책이 아니라 실제로 현장에 적용 가능한 일자리 창출 전략을 모색하게 된다. 실현 가능성과 성공 확률이 높아진다. 무엇보다도 시민의 지지는 든든한 응원군이 된다. 관건은 공정한 선정과 정치이슈화의 방지가 될 것이다. 외국 컨설팅사를 포함한 1차 서면심사에서 통과한 과제에 대해 TV를 통한 국민 대토론회를 거쳐서 공개적으로 검증한 후 최종 선정한다. 정책을 잘 설계하면 부작용보다 장점이 더 많을 수 있다. 일자리는 현장에서 경험으로 만들어진다는 것을 보여줄 수 있다. 우리의 유능한 관료는 정치 쟁점화를 피해가면서 소기의 목적을 달성하는 정책을 설계할 수 있을 것이다.

제조업은 국가 경제에 있어서 먼저, 수출을 주도하고 내수를 촉진한다. 한국은 소규모 개방경제체계이다. 대외의존도가 높고 내수시장이 극히 작은 국가이다. 따라서 현실적으로 수출에 의해서만 성장이 가능하다. 내수로는 성장이 어려운 구조이다. 만약 수출이 부진하여 성장률이 낮아지면 일자리가 줄어들게 되어 있다. 이렇게 대외 의존도가 높은 국가가 된 것은 해방 이후 근대화 초기에 수출주도형 경제 성장 전략을 선택했기 때문이다. 일본, 대만, 말레이시아 등 동아시아의 발전국가 모델은 예외 없이 수출주도형 전략으로 성공했다. 조선 시대부터 이어온 전형적인 농업국가에서 산업국가로 탈바꿈하는 과정에서 불가피한 선택이었다. 당시에 내수 규모가 너무 작았고 최극빈국가로서 내수 부양을 위한 소득원이 없었다. 세계시장을 개척해야 했던 당위성이다. 만약 당시의 우리 국가가 내수 위주 성장정책을 선택했다면 지금쯤 농업에는 비교우위가 있을지 몰라도 여전히 빈곤한 국가에 머물고 있을 것이다. '메이드인코리아'라는 브랜드가 세계무대의 전면에 등장하지 못하고 있을 것이다. 내수 위주 성장모델은 수입을 대체하는 일종의 자급자족 경제 시스템이다. 민족주의가 저변에 깔려있어서 문호를 개방하면 외세에 종속될 수 있음을 경계하는 이념적 색채가 강하다. 석유 등 자원이 풍부한 남미국가 등이 그렇다. 이들은 국내시장을 보호하면서 자국 산업을 육성한다. 세계시장에서 경쟁이 없기 때문에 부패에 노출되기 쉽고 포퓰리즘에 취약한 경제구조를 갖고 있다. 주로 그리스 등 남유럽국가와 브라질 등 중남미국가들이다. 지금의 세계적 대재앙의 난민 행렬은 대부분 이들 국가에서 시작된다. 이들 국가에는 유명한 브랜드의 대기업 제조업체가 없다. 하지만 선진국은 예외 없이 제조업 강국이다. 수출주도냐, 내수주도냐 선택의 기준은 남미국가의 실패사례에서 분명하다. 경제 발전에 있어서 세계무역질서에 편입되지 않고서는 성공하기 어렵다는 실증적 경험이다. 여전히 브라질, 베네수엘라 등 남미국가에서 벌어지고 있는 처참한 광경은 마치 영화 속 이야기처럼 눈앞에 펼쳐지고 있고 내일도 그럴 것이다.

하지만 분명한 것은 우리 경제에서 수출은 늘어나고 있는데 일자리의 수가 늘어나지 않는 것은 산업구조의 고도화 때문이다. 따라서 수출시장을 더 확대하기 위해서는 신기술과 고부가

가치 제품을 더 개발해야 한다. 그래야 기업이 성장하고 일자리가 늘어난다. 수출이 늘어난다는 것은 국제무대에서 경쟁력을 확보하고 있다는 증거이며, 정해진 길로 제조업이 지속적으로 진화하고 있다는 것을 보여주는 것이다. 결국 제조업의 육성을 통해 수출을 확대해나가면서 신규 내수를 창출하기 위한 신산업 정책을 적극적으로 추진한다.

아울러 제조업과 관련하여 선진국이 비교우위를 갖고 있는 소프트웨어산업을 육성해야 한다. 기술경영, 엔지니어링, 컨설팅, 디자인 등 고부가가치 서비스업이 발전하지 못했기 때문이다. 이는 초창기 압축 성장 과정에서 선진국의 단순 위탁 생산기지로 출발했기 때문이다. 제조업에 필요한 시스템과 운영 소프트웨어 그리고 인력 등을 통째로 수입하면서 고부가가치 서비스업을 육성할 훈련과 경험 그리고 노하우 등을 축적할 시간을 확보하지 못했다. 제조업으로 편향구조가 고착화되었고 선진국형으로 산업구조가 고도화되지 못했다.

이렇듯이 미국 등 선진국은 오랫동안 제조업에서 비교우위를 강점으로 개념설계 등 후발 개도국들이 갖지 못한 고부가가치 서비스업에서 절대적 영향력을 미치고 있는 것이다. 고부가가치 서비스업이 국부창출의 주역이 되고 있는 것이다. 그렇지만 고부가가치 서비스업의 핵심인 우리의 소프트웨어산업의 위상은 암울하다. 먼저 소프트웨어산업의 속성을 살펴보자. 소프트웨어는 첫째, 제조업 발전의 기반이 되는 핵심역량이지만 제조라인 자체가 없기 때문에 대규모 설비투자가 필요 없다. 둘째, 승자독식 산업이다. 선두주자만이 시장을 계속 잠식해나가면서 후발주자의 추격을 막는다. 선두주자가 이미 시장을 잠식하면서 보편화되었기 때문에 후발주자가 규모의 경제를 만들어내기 힘들다. 그렇다 보니 우리는 글로벌 선두주자들의 제품을 단순 카피하고 있는 수준이다. 우리들의 서글픈 자화상이다. 심지어 국내의 인터넷 포털은 기술력이 아니라 서비스 비즈니스 모델에 가깝다. 따라서 후발국은 소프트웨어를 모방해서 추격할 수도 추월할 수도 없다. 추수시기에 넓은 들판에 콤바인이 지나고 난 뒤 이삭줍기가 통하지 않는다. 규모의 경제가 되지 않기 때문이다. 선진국은 소프트웨어에 비교우위를 유지하기 위해 지속적으로 창의인재 양성에 올인하고 있다. 우리에게 획기적인 대전환이 필요한 시점이다.

따라서 소프트웨어산업 발전을 위해서는 인력과 인식 그리고 문화가 바뀌어야 한다. 먼저 소프트웨어는 사람이 자원이다. 현재 우리의 교육 시스템에서 창의적이고 도전적인 인재를 키워내기 힘들다. 누차 강조하지만 단순 암기식 주입식 교육을 받아온 대학생과 직장인이 세상에 없는 새로운 소프트웨어를 개발하고 도전하기에는 역부족이다. 예를 들면 코딩 교육에 수학이 필수인데 지금같이 객관식 수학 문제접근에 익숙한 학생들이 핵심 소프트웨어를 개발하기에는 절벽 아래에서 혼자서 기어올라가는 것보다 더 현실적으로 힘이 든다. 소프트웨어 중심사회를 건설하기 위해서는 초·중·고교부터 창의 인력을 배출할 수 있는 공교육체계를 도입하고 대학과 대학원에서 집중 교육하는 체계가 필요하다.

【】 구조를 바꿔라! 혁신적인 성장이 따라온다!

혁신역량을 제고하기 위해서는 제도를 새롭게 다시 설계해야 한다. 제도에 의해 국민들의 행동과 생활양식 그리고 관습이 정착되기 때문이다. 시간이 지남에 따라 역사와 전통이 되고 해당 사회의 문화가 되면서 고착화된다. 제도가 문화를 만들어내며 또 문화가 제도에 영향을 준다. 따라서 한 국가가 어떤 제도를 갖고 있느냐에 따라 번영의 길이 열리기도 하고 닫히기도 하는 것이다.

제도의 측면에서 혁신 성장을 위해서는 구조개혁이 핵심축이라 할 수 있다. 구조개혁을 통해 생산성이 낮은 부문에서 생산성이 높은 부문으로 국가의 자본, 인력, 기술 등을 이동시켜야 한다. 지금까지와는 다른 차원의 혁신을 만들어 내는 국가 시스템을 구축하고 이를 위해서는 무엇보다도 정부의 조직개편이 필요하다. 조지프 스티글리츠는 《창조적 학습사회》에서 미국의 군사 산업과 R&D의 성공에 대해서 이야기하면서 혁신은 시장에서 만들어지는 것이 아니라 국가가 나서서 만들어왔다고 했다. 토머스 프리드먼은 《늦어서 고마워》에서 미래는 대가속의 시대라 말했다. 변화의 크기가 매우 크고 방향을 예측하기 힘들다. 그야말로 속도전의 시대가 될 것이다. 칭키즈칸이 몽골제국을 건설할 때 전쟁 전략 중 하나가 속도전이었고 이를 위해 식량 운반을 간소화하였다. 말고기를 말려 말안장에 보관하면서 하루에 수십 리의 거리를 단숨에 휩쓸고 지나갔다. 이렇듯 속도전에는 단순

화가 최선의 전략인 것이다. 이러한 추세에 맞추어 혁신조직을
단순하게 구성해야 한다.

• 이제는 때가 왔다! 대한민국 R&D 시스템의 변화

혁신 성장을 위해서는 제도 즉, 국가혁신 시스템을 재편하는
것이 시급하고 중요하다. 국가혁신 시스템이란 한 국가의 산업
기술정책, R&D 시스템, 산학연 네트워크, 클러스터 및 기술금융
등 혁신을 구성하는 전반적인 생태계를 말한다. 현재 우리의 국
가혁신 시스템의 근간을 이루는 R&D 시스템은 분산형체계라
할 수 있다. N개의 부처가 N분의 1의 예산을 각기 나누어서 집
행하고 있다. 부처의 산하기관으로서 N개의 지원기관을 운영하
고 있다. 이를 지원기관이 과제선정 및 평가 그리고 관리감독을
담당한다. 이러한 분산형 R&D 시스템의 30년간 운영실적은 초
라하다. 현재 GDP 대비 R&D 투자금액이 상위권국가에서 개발
된 기술의 사업화 등 성과에 있어서는 거의 최하위 수준을 나타
내고 있다. 국제기구 및 국내의 전문가들의 평가에서도 예외가
아니다.

언제, 어디서부터 문제가 생겨났는가. 현재의 R&D 시스템

은 '발전국가 모델'의 주요 핵심 분야로 구축되었다. 정부가 주도적으로 기술을 선정, 개발, 이전하는 체제였다. 1990년대까지 민간의 R&D능력이나 장비가 부족하고, 민간이 투자 리스크가 큰 R&D 분야에 선제적으로 대응하기 어려울 때, 정부출연연구소(이하 출연연)를 통해 가용자원과 핵심역량을 총동원하여 원천기술에서 제품생산기술까지 빠른 속도로 개발하여 민간에 이전하는 시스템이었다. 그야말로 국가 자원을 총동원하는 총력 지원체계였다. 이러한 시스템을 통해 상당 부분 성과를 이루었다. TDX 교환기, 반도체, HDTV, CDMA 등의 기술을 국산화했다. 세계 최고의 기술에 근접하는데 출연연이 전위부대의 역할을 충실히 이행했다. 기술개발의 역사상 유례가 없고 세계 어느 나라도 따라올 수 없는 성공을 거두었다. 지금의 제조업이 강한 한국의 체질에는 이들 출연연이 핵심역할을 수행했다.

그러나 1990년대 이후 세계화, 개방화, 자유화의 물결 속에 기술개발의 속도가 빨라지고 기초, 응용, 제품기술 등 기술의 경계선이 무너지고 있다. 산업 간에 융·복합 현상이 심화되고 글로벌 현지 시장과 적응도가 높은 기술의 중요성이 커짐에 따라 출연연의 역할에 대한 근본적 변화가 요구되어 왔다. 기업들 역시 수년간 R&D 역량을 축적해옴에 따라 R&D 분야의 연구인력, 연구 장비, 정보 네트워크 등의 연구경험이 출연연을 능가하고 있다. 글로벌 체제하에서 기업의 역할이 더 커지게 되는 시대가 된 것이다. 이러한 환경의 변화에 적절히 대처하기 위해서는 변화를 받아들이고 적응해나가는 것이다.

사실 대가속의 시대에는 유연성과 민첩성이 경쟁력의 핵심이다. 이는 기술의 변화와 속도가 크고 빠르기 때문이다. 미래의 모습을 예측하기 힘들다. 투자 리스크가 더 커지면서 혁신의 경쟁도 더 치열해졌다. 추격 시대에 존재했던 기술의 낙수효과는 사라지고 1등만의 승자독식이 장기간 기술을 독점하는 시대가 열리게 된 것이다. 기술의 개념성이 옅어지고 추상성이 커졌다. 기술이 시계열적으로 발전하는 것이 아니라 갑자기 튀어 오르는 펄스파 형식으로 진보해가는 것이다. 예를 들면 과거에는 컴퓨터의 경우 386에서 486의 개발이라는 정형화된 순서가 기다리고 있었다. 마치 봄이 가고 여름이 오듯이 자연의 법칙이 있었다. 그러나 이제는 전혀 다른 방식으로 기존의 기술이 사라지는 경우가 많다. 이런 급변의 시대에는 기술개발 체계를 단순화해야 한다. 시장의 움직임에 동물적 감각을 갖고 있는 기업의 촉이 길을 찾아가도록 기회를 열어 주어야 한다. 출연연의 개편을 서둘러야 하는 이유이다.

이미 2000년대 초 우리가 R&D 시스템을 벤치마킹했고, 우리가 추격하던 일본이 출연연을 통폐합했다. 벌써 20년이 다 되어 간다. 이미 우리의 시야에서 너무나 멀어져 갔다. 일본은 메이지 유신을 통해 스스로 문을 열고 서양문물을 받아들여 근대화에 성공했고, 전쟁, 식민지를 통해 엄청난 연구 축적량을 확보하고 있는 나라다. 우리가 일본을 이기려면, 아니 최소한 일본을 배우려면 왜 일본이 출연연을 통폐합했는지에 치열한 논쟁이 있어야 한다. 일본은 기존 R&D 시스템으로 한계가 있음을 인정하고 단칼에 베어냈다.

일본은 스스로 개방하고 자기 몸에 맞는 길을 찾아 여기까지 왔다. 하지만 우리는 한 번도 우리 스스로의 길을 찾아본 적이 없다. 20세기의 식민지가 21세기에 또 다른 형태의 식민지가 되지 말라는 법이 없다. 상황이 이렇게 위급하고 중요한데 과학기술계 정치권, 관료, 전문가, 학자 등의 움직임이 없다. 지금의 국가 R&D 시스템에 대해 아무런 논의를 하지 않는 것은 국가 R&D 시스템의 문제점에 대해서 무지해서 모르고 있거나 아니면 알면서도 엄청난 핵폭탄이어서 접근하기가 두려워서 피하고 싶은 것이다. 김대중정부 때부터 역대정부가 출연연 구조개혁을 추진하고자 했다. 미래의 국가 경쟁력 제고를 위해서는 시급하고 중요한 과제였기 때문이다. 하지만 번번이 처절하게 실패했다. 정치적 이해관계에 매몰되었고 과학계, 노조 등의 기득권 세력에 포위되었다. 출연연 개편에 대한 명분과 실리를 제공하지 못했으며, 출연연의 역할과 위상 변화에 대한 폭넓은 국민적 지지를 얻어내는 데 실패했기 때문이다. 철학과 전략, 그리고 대안이 출연연 개편의 당위성에 비집고 들어가지 못했다. 출연연 개편을 단순히 경영효율화나 성과 내기식 구조조정으로 접근해서는 안 된다. 출연연이 '돈 먹는 하마'라는 비판에서 벗어날 수 있도록 지혜를 모아야 한다.

출연연 개편에서 필요한 철학적 논의는 두 가지로 이야기할 수 있다. 먼저, 출연연의 경제 성장 기여도에 대해 폭넓게 전 국민이 인식하고 공유해야 한다. 저임금으로 단순조립만 하던 산업구조를 단기간에 세계에서 으뜸가는 정보통신, 조선, 철강, 화학, 기계 등 첨단산업구조로 탈바꿈했다. 출연연의 노력과 희생 그리고 국가에 대한 열정이 있었기 때문이다. 누구보다도 시대적 사명에 앞장서 왔으며 투철한 애국심이 있었기 때문에 가능했다. 출연연은 지금도 누가 어떻게 이야기하든지 우리 국가의 최고 엘리트집단이다. 미래 먹을거리를 창출해 내는 혁신집단이다. 과학기술이 선도하지 않는 나라가 세계사의 주역이 된 적은 한 번도 없다.

다음으로 출연연의 핵심 역량인 연속성을 유지해야 한다. 지금까지 국가 R&D에의 기여도 부분이 형태만 바뀔 뿐이지 성격이 변하는 것이 아니기 때문이다. 출연연이 확보하고 있는 연구인력과 연구 장비 그리고 연구경험을 효율적으로 재배치하고 활용해야 한다. 비록 길지는 않지만 우리의 연구의 역사가 단절됨이 없이 이어지도록 해야 한다. 산에 나무가 무성하게 자라고 나면 일정 시간이 지나서 주변의 잡목을 베어내야 한다. 그래야 곧고 튼튼하게 더 잘 자란다. R&D 시스템의 생태계도 이와 비슷하다. 언젠가부터 생겨난 병목현상의 근본 원인을 제거해주어야 한다. 교통체증이 생기면 처음에는 신호체계를 다시 설계해야 하고 그래도 해결되지 않을 경우에는 새로운 도로를 더 개설해야 한다. 사람이 살아가는 자연이나 국가 R&D 시스템이나 살아 움직이는 현상은 별반 다를 바가 없다. 서울대 공대 교수들이 집필한《축적의 시간》에 따르면 출연연은 특정한 미션, 국가적인 목표를 분명히 해야 한다고 한다. 즉 기존 연구를 수행하는 계열과 산업체에 실질적인 도움을 주기 위한 연구를 하는 계열, 그리고 매우 특정한 국가적 미션을 가진 계열 등 3~4개의 큰 집단으로 성격을 다시 정의하고 그에 맞추어 역할을 재점검해야 한다고 했다.

이러한 철학적 토대 위에서 출연연의 개편방향은 크게 세 가지로 생각해 볼 수 있다. 첫째, 국가연구기관으로의 위상 강화이다. 기존의 출연연의 기능을 재편하여 국가 기여도와 공공성을 동시에 제고하는 것이다. 국가가 미래를 위해 전략적으로 확보해야만 하고, 투자 리스크가 크고 회임기간이 장기간 소요되는 분야 등에 대해서는 기존의 출연연을 국가 연구기관으로 격상시켜야 한다. 이러한 분야로는 국방, 에너지, 환경, 항공우주 등이 있을 수 있다.

이는 연구자의 신분과 연구 과제의 영속성을 확보하기 위함이다. 정권이나 시대의 변화와 외부의 충격 없이 지속적이고 안정적인 최고 수준의 연구 환경은 그 어떤 조건보다도 중요하다. 누가 국부를 창출하는가. 바로 과학자와 기술자 그리고 기업가들이다. 미래 성장 동력을 확충하고 세금을 내고 일자리를 만드는 주역이기 때문이다. 현재의 신자유주의적 성과 평가의 철학에 의하여 추진되고 있는 PBSProject Based System 하에서는 안정적인 연구비 확보가 어렵고 수탁 연구비가 본인의 임금에 산정되기 때문에 연구자가 연구비 확보를 위해 비즈니스를 해야 한다. 본말이 전도된 기현상이 만연해 있고 연구자의 자존심에 상당한 영향력을 끼쳐왔다. 통상 한 명의 연구자가 여러 개의 연구 프로젝트를 동시에 수행하면서 연구다운 연구가 원천적으로 제한되고 있는 것이다.

이러한 부작용을 해소하고자 여러 가지 조치들을 취하고 있지만 미봉책에 불과하다. 대형 국책과제를 각 출연연과 공동으로 수행하는 체제를 운영하고 있지만 원천적으로 연구의 효율성을 제고할 수 있는 방안이 아니다. 기관 간의 경쟁이 존재하는 상황에서 서로 협력 시스템을 이끌어내는 것은 우리의 연구문화에서 성과를 내기 어렵다. 문제의 원인을 직접 제거하면 되는 것이지 편법이나 우회로를 선택하는 것도 정공법이 아니다. 지대한 고통과 어려움이 있더라도 설득하고 논의하고 타협하면서 방향을 확실히 잡고 길을 가야 한다. 방향이 목표이고 길은 거기에 도달하는 과정이기 때문이다. 방향이 틀리면 아무리 좋은 길도 무용지물이 된다. 정말 능력 있고 사명감 있는 과학자가 종신토록 국가의 미래 성장 동력을 확보하는 데 헌신할 수 있도록 제도를 새로이 고쳐야 한다. 사회적 존경과 명예를 누리고 자부심을 느낄 수 있도록 최고의 신분보장과 안정적 연구비를 제공해야 한다. 일본의 노벨과학상 수상은 하루아침에 우연히 찾아온 것이 아니다. 최적의 제도와 그 안에서 종신토록 함께 움직이는 사람이 만들어낸 합작품이다. 제도와 사람이 답이다. 국내의 우수한 인력의 두뇌 유출도 막으면서 해외에서 우수한 인력을 유치해오려면 세계 최고 수준의 연구 환경을 마련해야 한다.

장하준, 정승일, 이종태의 《무엇을 선택할 것인가》에 따르면 미국의 IT기술의 발전은 국방부 항공우주국 등 정부기관의 장기적인 대규모 투자결과이다. 산업 발전은 어느 날 하늘에서 행성이 떨어지는 행운을 잡는 것이 아니라 한걸음씩 뚜벅뚜벅 걸어갈 수밖에 없는 분야다. 산업 축적량이 절대 부족한 한국이 선진국으로 나아가기 위해서는 시간과 투입을 줄이면서도 선진국을 앞지를 수 있는 전략, 즉 인재와 시스템의 효율화라고 했다. 미국의 기념비적인 성공은 국가개입주의하에 주도적으로 혁신 시스템을 구축하고 운영해 왔기 때문이다. 정부가 산업정책을 통해 대학, 연구소, 기업 등 각 연구 주체들을 효율적으로 연결시키고 시너지를 창출하여 세계최고의 기술을 개발했다. 국방 연구를 통해 인터넷기술을 개발·보급한 것이 대표적인 사례이다.

둘째, 출연연의 연구원을 국부창출의 주역으로 재배치하는 것이다. 출연연 개편 과정에서 발생하는 우수한 연구원들의 창업을 대규모로 전방위적으로 지원하는 시스템을 구축하는 것이다. 혁신 성장을 위해서는 창업이 핵심이다. 생계형 창업이 아니라 기술혁신형 창업이어야 한다. 그래야 양질의 일자리가 만들어지고 잠재 성장에 기여하게 된다. 음식점보다는 벤처기업이 더 많은 국부를 창출하고 미래의 국가 발전에 기여하는 것은 당연하다. 지금 창업의 주인공은 대학생을 주요대상으로 하고 있다. 창업은 동물적 본능을 가진 사람이 이루어내는 것이다. 하지만 지금의 교육 시스템으로 모험적 기업가의 씨앗을 배양하기 어렵다. 초·중·고교부터 대학입시까지 단순암기식 주입식 교육으로 획일화된 사고체계를 가진 대학생이 창의적 사고와 도전적 행동을 하기 어렵다. 기존질서에 순응적이기 때문이다. 이들은 한 번도 남이 가보지 않은 길을 가본 경험이 없다.

지금 창업과 관련한 자금은 넘쳐난다. 창업관련 지원 제도도 거의 완벽하게 만들어져 있다. 자금과 제도가 없는 것이 아니다. 창업의 운동장은 이미 선진국 수준으로 마련되어 있다. 문제는 운동장에 뛰어놀 선수가 없거나 있다고 해도 자질이나 능력이 부족하다는 데에 있다. 기술혁신형 창업의 핵심은 사람이다. 출연연 재편을 통해 추월형 R&D 시스템으로 재구조화하고, 동시에 인재도 재배치해야 한다. 두 마리 토끼를 동시에 잡는 전략이 필요하다. 역시 제도와 사람이 답인 것이다.

연구원들은 다년간 연구경험과 실력 그리고 시장의 움직임에 감각이 있다. 아울러 경제와 사회에 대한 시야 등을 폭넓게 활용할 수 있는 인적 네트워크도 이미 확보한 사람들이다. 현재 대기업 등 민간 기업에서는 사내 벤처 형태로 창업군단을 만들어가고 있다. 모기업에서 분리되어 나온 창업 기업이 성장하면서 전후방 효과를 만들어가고 있는 것이다. 모기업의 위성으로서 시장영역을 넓혀가고 있다. 지금까지 80년대식 추격 전략은 죽음의 선에 와 있다. 단숨에 빠른 속도로 선진국을 추월해나가려면 다른 국가들이 생각하지 못하는 새로운 전략을 과감하게 도입해야 한다. 연구원창업에 자금, 행정, 시장, 수출 등 전방위적으로 지원할 수 있는 시스템을 구축해야 한다. 중국의 국가 자본주의에 버금가는 수준의 체계적인 투자가 선행되어야 한다. 아무리 훌륭한 토양도 좋은 씨앗 없이는 좋은 싹을 틔우지 못한다. 자연의 이치가 그렇다. 우수한 창업의 씨앗을 만드는 데는 시간과 노력이 필요하다. 그런데 다행히 우리는 이미 좋은 씨앗을 갖고 있다. 바로 출연연의 연구원들이다. 이들이 제2의 한강의 기적의 신화를 다시 만들어내는 데 선봉에 설 수 있는 훌륭한 인재들이다.

마지막으로 법인화이다. 출연연 재편 과정에서 민간의 영역과 유사하거나 중복되는 분야는 통폐합·분사 등을 통해 법인화를 해야 한다. 민간과 연구영역이 중복되거나 민간과 M&A 등을 통해 효율성을 제고할 수 있는 분야가 대상이 될 것이다. 이렇게 만들어진 법인으로 정부가 지분을 참여할 수 있는 방안과 법인의 정상화 이후 주식시장 상장 등의 방법으로 법인의 대형화와 지속가능성을 확보할 수 있다. 이미 영국에서 출연연 한 군데를 법인화한 후 기업지원과 다양한 산업협력을 추진해서 영국 산업의 경쟁력 확보에 기여한 사례가 보고되고 있다. 출연연의 지배구조 개편문제는 거대담론의 수준을 넘어 최대한 빠른 시일 내에 방향을 정해야 하는 시대정신이다.

• 하나로 통합하여 혁신하자

다음으로 각 부처로 산재된 기획과 평가 그리고 지원기관을 한군데로 통합하여 국가 R&D 전략 평가원(가칭)을 설립한다. 국가 중장기 R&D 기획과 평가의 공정성과 객관성 그리고 투명성을 확보한다. 이는 정부조직 개편의 신호탄이 될 수 있다. 조직 개편이 되지 않고, 평가기관만 통합하더라도 현재 국가 R&D 시스템의 여러 문제를 해소할 수 있을 것이다. 정부 부처는 관료제와 부처 우선주의 그리고 통치자를 향한 충성심만으로 서로 간의 협업을 기대하기 어려운 조직이다. 조직 특성이 유연하지 못하다. 통합을 하되, 전문성 확보 차원에서 기존 인력을 유지해나간다. 이렇게 하면 부처 간 R&D에서 칸막이가 해소되고, 유사·중복과제가 처음부터 걸러지며 시너지가 제고된다.

예를 들면 IT와 농업 등이 융합되고 문화와 교통 등이 결합될 수 있다. 한 기관에서 산업 전체를 조망하면서 기획, 평가하기 때문에 국가 전체 산업의 흐름을 볼 수 있고 융합산업을 선도할 수 있다. 지금은 출연연별로 각자 수행할 R&D를 기획하게 된다. 장기적으로 국가 전체적 안목에서 그 범위와 중요성이 제한된다. 개별 출연연이 융합이나 복잡한 트렌드를 자체 R&D 기획에 전부 담을 수 없고, 조직 이기주의에 빠지게 되면 연구의 비효율성이 커진다. 수년째 국가 R&D의 성과부진이 지적되고 있는 이유이다. 시스템을 통째로 바꾸어야 한다.

왜 민간 기업이 출연연과 공동 연구를 기피하는지 정부와 출연연은 그 이유를 모르고 있지 않다. 민간에서 지속적으로 국가 R&D 시스템의 개편을 강하게 요구하지 못하는 이유는 여전히 정부와 출연연이 갑의 위치에 있기 때문이다. 정치권이 나서서 이해관계인의 합의를 이끌어내야 한다. 이는 연구원들의 잘못이 아니라 시스템을 잘못 설계한 정책결정자의 책임이다. 그때는 옳았다 하더라도 오늘과 내일 이 시스템이 맞지 않다면 바꾸는 결단이 필요하다. 이제는 연구원들의 애국심에 호소할 것이 아니라 연구원들이 애국할 수 있는 시스템을 만들어 주어야 한다. 이것이 순리에 맞는 일이다. 중립적이고 객관적인 총괄기관에서 상시로 기획을 전담함으로써 국가 전체적 수요를 반영할 수 있고 연구 인력과 연구시설 등 국가 연구 자원을 한눈에 조망할 수 있다. R&D 자원이 최적화된다.

융합산업육성이라는 시대적 과제에도 한발짝 더 가까이 갈 수 있다. 평가와 관련하여 기술성 평가를 강화하고 객관화하기 위해 온라인기술 평가를 대폭 강화한다. 지금 부처별로 평가기관의 인력풀은 몇만 명에서 몇백 명 수준으로 운영되고 있다. 온라인기술 평가단의 인력풀은 설계를 잘 할 경우 수십만 명까지 가능하고 필요 시 해외의 인력까지 확대한다. 온라인이기 때문에 가능하다. 온라인기술 평가단은 오로지 기술성 평가만 전담한다. 여기서 통과된 과제에 한해 기술성 대면 평가와 경영·사업성 평가를 받는다. 기술성을 다수의 전문가에 의해 사전 평가함으로써 기술성 평가의 신뢰를 획기적으로 높이는 조치이다. 이에 따라 평가기관의 내부자나 외부 평가위원들의 사전 관여 여부가 원천 차단될 수 있다. 기술의 개발속도가 빠르고 복잡하기 때문에 평가위원들이 오프라인에서 짧은 시간에 기술성 평가를 하는 것은 무리이다. 또 역량에도 한계가 있다. 평가 위원의 지식은 수년 전에 받은 학위이다. 그러나 평가대상은 최근 기술이다. 끊임없이 전문성과 객관성 그리고 신뢰성이 불신받는 이유이다. 국가 R&D에 대한 공신력이 떨어진다. 부작용이 있을 수 있지만 금융거래도 인터넷상에서 이루어진다. 블록체인 시대의 강력한 보안 시스템의 촘촘한 설계가 즉시 생겨날 수도 있는 약점을 보완할 수 있을 것이다.

미국은 모든 심사 과정을 인터넷으로 공개하고 탈락한 기업에겐 이유를 알려주는 등 투명한 R&D 심사가 창고에 있던 구글을 키워낸 원동력이 되었다. 현재 은행 등 금융기관과 기술보증기금 그리고 신용보증기금 등은 기술성 평가를 할 수 있는 인재풀이 협소하다. 이들 기관이 국가 R&D 전략 평가원에 기술성 평가를 의뢰하고 그 결과를 토대로 심사한다면 지금의 담보관행이 투자관행으로 바뀌는 단초를 제공할 수 있다. 벤처기업들이 '죽음의 계곡'을 순조롭게 건널 수 있는 징검다리 역할을 해줄 수 있을 것이다. 온라인 기술성 평가모델은 듀퐁의 '이노센티브' 모델과 이미 민간에서 성행 중인 유사한 여러 비즈니스 모델을 벤치마킹하여 설계가 가능할 것이다.

4

새로운 대한민국의 시작?
교육혁신부터!

【】 끔찍한 경쟁?! 경쟁은 나쁜 것일까?

우리 사회 곳곳에서 경쟁은 나쁜 것으로 규정한다. 그러나 인간 세상에서 경쟁이 없는 곳이 없다. 특히 교육에서의 경쟁은 필연적이다. 단지 교육의 기회는 평등하게 제공하되 교육의 성과에 대해서는 보상이 공정하게 이루어지도록 하면 된다. 경쟁은 각자의 소질과 능력을 개발하고 동시에 삶의 가치를 실현할 수 있도록 해주는 최선의 수단이기 때문이다.

경쟁의 속성에 대해 다음의 이야기는 시사하는 바가 크다. 러

쉬Rush라는 이름을 가진 인디 밴드는 1978년에 〈The Trees〉라는 곡을 녹음했다. 노래 가사를 보면 떡갈나무가 햇볕을 더 많이 필요로 하다 보니 단풍나무가 햇볕을 제대로 못 받는 상황이 생겼다. 이에 단풍나무들이 서로 동맹을 맺고 항의를 한다. 그러자 도끼와 톱을 사용해서 모든 나무의 키를 똑같이 만드는 고결법 Noble Law이 통과 되었다는 내용이다.

이 가사가 주는 교훈은 경쟁을 없애는 일은 위험한 일이며 역효과를 낸다는 것이다. 키가 작은 단풍나무의 높이에 모든 나무의 키를 맞추는 평균화의 역설이 일어나는 것이다. 경쟁 없는 사회는 에덴주의가 꿈꾸는 유토피아이다. 인간이 죄를 짓고 에덴동산에서 쫓겨난 후 인간 세상에는 에덴동산이 존재하지 않는다. 인간은 생존을 위해 경쟁을 할 수밖에 없는 존재이기 때문에 평평한 세상에 존재할 수 없다. 행복한 삶은 경쟁을 통한 성취감에서 온다. 좌절을 하기도 하지만 끝까지 패배주의자로 살아가고자 하는 사람은 많지 않다. 인간은 생물학적으로 다시 시작하게끔 되어 있다. 정부 역시 복지를 통해 경쟁에서 뒤떨어진 사람에게 자신감을 회복할 수 있도록 도와준다. 사회가 유지되는 자연스러운 모습이다.

현재를 절제하고 미래에 투자하는 마시멜로 실험은 자신과의 경쟁에서의 성공을 보여준다. 미래의 성공은 결코 거저 주어지지 않는다는 평범한 진리를 가르쳐주고 있다. "자, 여기 마시멜로가 하나 있어. 바로 먹어도 돼. 하지만 선생님이 나갔다가 들어올 때까지 먹지 않고 기다리면 하나를 더 줄게." 아이는 15분 동안 혼자 방에 남겨진다. 눈앞에는 맛있는 마시멜로가 있다. 얼른 입에 쏙 넣어 달콤함을 느끼고 싶다. 하지만 당장의 만족을 참으면 상은 두 배가 된다. 아이는 한숨을 쉬고 발을 동동거린다.

　아동의 자기 통제력을 관찰하는 이 '마시멜로 실험'은 지난 수년간 학부모 및 교육학자를 자극한 심리학 실험이다. 1960년 스탠포드대학의 월터 미쉘과 연구진은 3~5세 아동을 대상으로 마시멜로 실험을 진행하고 30년간 이들을 추적 조사했다. 연구결과 아동기에 발달된 자기 통제력은 미래 성공을 예측했다. 마시멜로를 기다린 아동은 청소년으로 자라 더 높은 학업성취를 이루었고 인지능력 시험에서 좋은 성적을 보였다. 이러한 실험결과에 따라 아동의 통제력과 인내심을 기르는 다양한 학습 프로그램과 교육방침이 만들어졌다. 인간세계 아이의 첫 걸음마는 무수한 도전의 결과이다. 고통스러운 과정을 거쳐 비로소 직립

인간이 된다.

국가와 기업 그리고 대학의 목표는 우수한 엘리트 육성에 있다. 개인은 부와 명예를 추구하고 출세를 하고자 하는 욕구를 가진다. 따라서 교육의 방향은 이들 기관과 개인의 이해관계를 충족시키는 쪽으로 설계되어야 한다. 교육의 경쟁이 치열할수록 미래의 희망은 더 커지고 신분 상승의 기회가 더 확대된다. 도전과 모험에 대한 더 많은 열정을 가지게 된다. 정당한 보상이 정의로운 사회가 된다. 사회 전반적으로 역동성은 기존의 판을 더 키우게 되고, 새로운 영역을 개척하고자 하는 욕구를 증대시킨다. 오히려 평균적인 보편 교육은 중하위 계층의 신분상승의 기회를 차단할 수 있다. 단풍나무 이야기처럼 말이다.

미래에는 고급 일자리의 수가 점점 더 제한된다. 따라서 많이 배우고 똑똑한 사람이 그 자리를 차지하게 되어 있다. 교육 제도가 바뀌지 않으면 소수 엘리트가 고급 전문 분야를 더 많이 차지한다. 부모의 부와 신분이 자식에게 그대로 세습된다. 여기에 인공지능AI이 단순 반복 업무를 차지하고 나면 그 나머지는 중·저임금 일자리만 남는다. 그렇게 되면 지금 교육 시스템하에서 낙오된 학생들은 모두가 기피하는 일자리에 배정되어 평생을 보내게 될 것이다.

학부모의 입장은 분명하다. 자식이 젊을 때 고생을 하더라도 미래에는 본인들보다 더 지혜롭고 총명하며 더 많은 부와 명예를 가지고 살아가기를 원한다. 아울러 인생의 가치, 삶의 행복 등도 추구하기를 원한다. 자기 자식이 잘 되기를 바라는 것은 부모의 마음이다. 동물세계에서도 자기 새끼를 위해서 어미가 목숨까지도 기꺼이 바친다.

학생의 입장은 두 가지 상반된 마음이 있을 것이다. 학습에서 해방되어 놀고 싶은 마음과 명문대에 입학하고 싶은 마음 즉, 자기 성취적 마음이 있을 것이다. 학생은 불만과 욕망을 동시에 가진 이중적 존재로 생각할 수 있다. 사실 학생 때 공부를 위해 인내하고 노력한다고 행복과 기쁨이 반감된다는 보고는 아직 없다. 학생들은 신체적 성장뿐만 아니라 지적 성장도 추구한다. 학구열도 있고 진학욕구도 있다. 남보다 뛰어나고 싶은 욕구도 있고 자기 자신을 이기는 것에서 오는 기쁨도 누려보고 싶은 존재이다.

이러한 인간의 경향은 과학의 진보로 이어졌다. 에디슨의 전기, 플레밍의 페니실린 발명은 지적 추구의 열망에서 비롯된 측면이 크다. 자기 자신과의 경쟁의 결과물이다. 일찍이 플라톤과 공자도 청소년기의 강도 높은 교육의 중요성을 이야기했다. 성취감이 곧 행복감이 될 수 있다고 설파했다. 부모와 학생이 매일 집에서 저녁식사를 하고 주말마다 쉬는 꿈을 꾸기도 한다. 십중팔구 이렇게 살다 보면 평생 놀면서 살아갈 것이다. 노숙자로 말이다. 개미와 베짱이 이야기는 그냥 만들어진 이야기가 아니다. 더운 여름날 적당히 공부하고 시간을 보내면 결코 실력이 늘지 않는다. 그때는 좋을지 모르지만 시간이 지나고 나서 뒤돌아보면 남보다 뒤처진 자기모습을 발견한다.

자유민주주의국가에서 자본주의 시스템을 채택하는 한 경쟁은 세상의 필수 원리이다. 본연의 질서이며 자연의 이치이다. 경쟁의 당위성은 특목고, 외고, 자율형 사립고 등의 설립에서도 찾을 수 있다. 현재의 평준화된 공교육 시스템하에서는 우수한 인재를 키울 수 없으니 편법이 동원된 것이다. 이는 학생들 간에 경쟁의 수요가 있다는 반증이다. 아울러 교사, 교육전문가, 학부모들도 이에 동조하고 있다는 의미이다. 나아가 교육감 등 사회지도층들이 특목고 폐지를 외치면서도 자기 자식은 이들 학교에 보내고 강남으로 위장 전입하는 등 왜 이중적 행태를 보이는가?

이유는 한가지이다. 자기 자식은 특출하고 월등하게 키우고 싶은 마음이 있기 때문이다. 세상 어느 부모의 심정도 똑같은 것이다.

그러나 소수를 특별하게 키우는 방식은 일종의 편법과 편 가르기를 조장한다. 모두를 제각각 특출하게 키우는 방식이 정공법이자 국가가 지향해야 할 교육 방향이다. 교육의 혁명은 교육의 방향을 새로이 정립하는 것에서부터 시작된다. 교육의 변화가 자연스럽고 불가피하며 이롭다는 것을 받아들여야 한다. 교육의 방향을 정함에 있어 학생들의 수업부담과 과도한 경쟁 등의 이유로 교육감 등이 개인의 이상을 실현하고자 교육현장을 실험도구로 만들어서는 안 된다. 교육의 방향은 이념의 편향성을 극복하고 보수와 진보의 힘을 합쳐서 정해진 동일한 방향으로 나아가야 국가가 전진할 수 있다.

모두에게 기회를! 누구나 행복한 교육

교육은 부와 소득 그리고 명예와 권력을 성취하기 위한 가장 빠르고 가장 확실한 방법이다. 따라서 부모들이 아이의 미래 교육을 위해 빚을 내서까지 투자하는 것은 현명한 일이라고 칭찬을 받을 일도 아니지만, 잘못된 일이라고 비난할 일도 아니다. 개인의 입장에서 신분상승을 향한 가장 보편적이고 공정한 게임이다. 그래서 도전을 하고 보상을 기대한다. 아무리 가난한 부모를 가진 자식일지라도 본인이 원하고 노력하는 한 교육받을 기회는 국가와 사회가 보장해야 하는 것이다.

국가적 측면에서도 경쟁력 있는 인재는 국부 창출의 원동력이다. 역사적으로도 국가가 강해지기 위해서는 예외 없이 교육에 전략적 투자와 국가적 역량을 결집해왔으며 도시국가 스파르타, 19세기 독일과 프랑스 등의 성공도 교육에 전폭적인 투자에서 왔다. 한강의 기적 역시 빠른 속도로 문맹을 퇴치하고 산업화에 적합한 고급인재를 대규모로 지속적으로 양성하고 확대한 결과이다.

어느 시대, 어느 국가이든 교육은 공공재로 인식되어왔고 국가가 예산을 지원하는 것은 당연시되었다. 기업이 미래의 성장 동력을 확보하기 위해 R&D에 투자를 하듯이 국가가 미래의 인재를 양성하기 위해 교육에 투자를 하는 것은 중요한 국가의 일이다. 특히 대학에 대한 투자는 젊은이들을 교육하고, 기업 활동을 주도하며 우리의 생활 방식을 혁신하는 중요한 계기가 된다. 대학 입시 제도에 의한 대학 서열화가 고착화된 상황에서 일부 유형의 고등학교에만 학생선발의 특혜를 부여하면 학교특성에 따른 수평적 다양성보다는 입학성적에 따른 수직적 서열화를 초래할 가능성이 크다. 잘못된 제도로 인해 원천적으로 불평등이 발생할 수밖에 없고, 공정한 경쟁이 심하게 왜곡된다. 모두가 같은 출발선에서 시작하고 각자의 노력과 능력에 따라 부와 소득 등 장래의 신분이 결정되는 교육 시스템이어야 정의롭다.

2003년 8월 말 저자는 아내와 두 아이들과 함께 OECD 근무를 위해 파리로 파견을 나갔다. 공무원에게 주어지는 가장 큰 혜택이 바로 가족동반 해외근무 프로그램일 것이다. 프랑스는 한국과 비슷한 행정체제를 가지고 있다. 중앙정부가 있고, 광역과 기초로 지방정부가 권한을 분산하고 있는 시스템이다. 그렇지만 우리보다는 더 자유롭고 상대에 대한 관용의 문화가 강하다. 당시 저자와 함께 OECD에 근무하던 행정안전부 소속 국장의 가족이 파리에 있으면서 백혈병 진단을 받았는데, 프랑스정부는 그 아이가 보험적용 대상이 될 수 있도록 조치를 해서 여섯 달

가까이 전액 무료로 치료를 해서 살려냈다. 요즘 우리나라도 외국인에게 동등한 건강보험 적용을 하고 그에 대한 논란도 있다. 어쨌든 프랑스는 이런 자유, 평등, 박애의 국가정신이 제도와 관행에 녹아있어 삶의 일부로 체험할 수 있었다.

프랑스가 그러한 국가정신을 국민들이 공유하고 삶의 뿌리까지 스며들고 있는 것은 프랑스의 교육 제도 덕분이라고 생각한다. 프랑스는 GDP의 3~4%를 가족정책에 쓰고 아이가 태어나서 졸업 때까지 부모소득과 관계없이 기본적 생활을 유지하면서 대학 졸업 시까지 공부할 수 있다. 프랑스는 개인의 자유를 지키기 위해 평등한 교육을 실현하고 있는 것이다. 목적은 자유이고 그 목적을 실현하는 수단은 평등이라고 할 수 있다. 평등을 구현하는 구체적인 제도적 장치가 바로 교육 제도인 것이다. 조실부모하고 할머니 밑에서 어렵게 자라면서도 저자는 대학에 진학할 수 있었고, 거기서도 공부를 하고 기술고시에 합격할 수 있었다. 노력하면 될 수 있는 시대였다. 나의 가정적 불행은 사회의 교육 제도 덕분에 행운으로 바뀔 수 있었다. 우리는 우리의 부모를 선택할 수 없다. 우리의 의지가 작용한 것이 아니기 때문에, 태생적 한계는 그 자체로 불평등이다. 그들이 동등하게 교육받고 성장할 수 있는 기회를 제공하는 것이 정의로운 사회라고 생각한다.

• 전에 없던 교육대통령의 탄생

교육은 국가의 책무이기 때문에 다가오는 20대 대통령은 교육대통령을 선언해야 할 필요가 있다. 공약으로 대국민 약속을 하고 이를 평가받아 당선된 대통령만이 강력하고 분명하며 확실하게 교육개혁을 추진할 수 있는 동력을 확보하기 때문이다. 5년 단임의 대통령 임기 동안 교육개혁을 완성하는 것이 아니라 전체 교육개혁의 로드맵을 작성하여 임기 동안 해야 할 일은 확실하게 추진하며, 정권에 관계없이 교육개혁이 완성될 수 있도록 시스템을 구축하는 역할을 수행한다. 교육대통령은 먼저, 교육개혁 인프라 측면에서 현행 행정수도 세종시를 교육 및 행정수도로 확대 조성한다. 이를 위해 서울대학교를 포함한 수도권의 국공립 대학을 세종시 인근으로 이전한다. 그리고 점진적으로 수도권의 사립 대학의 이전을 유도해나간다. 현재 백약이 무효인 국토 균형 발전을 위한 가장 빠르고 효율적인 방법이다. 지금까지 진행된 혁신도시에 공공기관 이전은 상호 간에 시너지가 적고 실리와 명분이 뚜렷하지 않다. 하지만 교육 및 행정수도 조성은 대학구성원들의 저항이 적을 뿐만 아니라 효과성도 크다. 학생들은 대학 강의실, 도서관, 체육시설, 기숙사만 있으면 불편 없이 공부할 수 있다. 아울러 학부모들의 교육비 지출 부담도 줄일 수 있다. 이러한 대학도시의 성공사례는 미국 미주리 콜롬비아대학 등에서 볼 수 있다. 미국의 미주리 콜롬비아대학도 처음에는 허허벌판에 대학이 들어섰지만 체계적인 지원과 우수한 대학생들의 수급으로 명문 대학으로 발돋움하고 있다. 우수학생의 유치는 공부할 수 있는 최적의 조건이 선결과제이기 때문에 인센티브를 잘 설계하면 빠른 시간 안에 지방 대학에서 우수학생을 양성할 수 있다.

아울러 전국의 대학 중 국립 대학은 무료, 사립 대학은 특성화 분야를 중심으로 무상 교육을 실시한다. 이는 대학의 정부지원 비중을 OECD 평균 수준으로 증액하는 것이다. 여기에는 약 10조 원의 추가 재원이 필요하다. 재원은 지금 학생 수가 줄어들어 남는 초·중·고교 예산과 저출산 고령화사회 위원회 예산(46조 원)과 일자리위원회 예산(30조 원) 등을 활용하면 충분히 마련할 수 있다. 이는 교육 기회를 공평하게 제공하여 저출산 문제를 거시적으로 해결할 수 있고 불평등의 문제를 원천적으로 차단할 수 있다. 프랑스, 독일 등 유럽 대학처럼 운영이 가능하게 되는 것이다. 이미 정부에서도 내년도 예산으로 대학생 100만 명의 반값 등록금으로 4.6조 원을 편성했다.

【】 지방 대학도 할 수 있어!

교육대통령은 지방 대학 문제를 근본적으로 다시 돌아봐야 한다. 지방 대학은 지역경제뿐만 아니라 지역문화를 선도하고 지역일자리 창출의 견인차 역할을 할 수 있다. "지방 대학이 살아야 지역이 산다"라는 것을 다시 증명해야 한다.

지방 대학을 살리기 위해 새로운 개념의 공공기관 이전도 검토해야 한다. 지금까지 공공기관 이전은 지역으로의 강제배분 방식이었다. 지금까지 수도권의 공공기관 345개 중 153개가 지방으로 이전하고 192개가 남아 있다. 향후에는 산업연계형 공공기관 이전이 추진되어야 한다. 즉 지역의 특성화 산업과 관련된 수도권의 공공기관과 공공기관형 협회와 단체 및 조합 등을 해당 도시로 이전하는 것이다. 예들 들면 구미의 경우 반도체, 디스

플레이 등 IT 산업, 울산의 경우 자동차산업, 광주의 경우 광산업 등으로 집적화하는 것이다. 지역 산업과 공공기관 그리고 지방 대학과의 연계성을 높임으로써 지역 산업이 활성화되고 일자리가 창출되며 지방 대학이 경쟁력을 갖게 된다. 한마디로 지역의 혁신역량이 높아지게 된다. 지역 소멸을 막고 지역의 산업과 서비스 그리고 제품의 혁신을 위해서는 혁신역량을 갖춘 사람이 필요하다. 하지만 현재 지역에 이런 사람이 없다. 따라서 외부에서 충원해야 가능한 일이다. 지방 대학을 살려내지 못하면 수도권과 지방간의 불평등은 더욱 심화되고 국가의 미래에 심각한 위협요인이 된다. 하나의 나라가 두 개의 나라로 분열되기 때문이다.

그런데 대학 서열화의 고착과 학생 수 감소로 지방 대학은 붕괴위기에 놓여있다. 대학 본연의 '가르치는 교육'뿐만 아니라 '연구하는 교육'까지도 무너지고 있다. 산업화시기에 지방의 산업과 경제 그리고 인재양성의 요람역할을 수행했던 지방 대학의 위상이 수도권 대학으로의 인재유출로 최소한의 경쟁력 유지도 어렵게 되어가고 있다. 지방 대학이 존폐위기로 내몰리고 있다.

기업들은 필요한 인재를 해당 지역에서 순조롭게 구할 수가 없어 신규투자나 연구개발을 수도권에서 실시하거나 해외로 이전한다. 지방에서는 수도권규제를 외치지만 기업과 인재는 대전 등 충청권(추풍령벨트)으로 마지노선이 이미 설정되어 있다. 교육과 문화 그리고 성공의 기회가 수도권에 집중된 상황에서 지역으로의 이전은 사실상 어렵다. 아니면 대안으로 아예 해외로 이전하는 것으로 대응한다. 대기업 관련 연구소 역시 지방에 신규로 신설하거나 지방으로 이전하기 어렵다. 우수한 인재가 수도권에서 배출되는 상황에서 수도권 인근(홍릉, 양재, 과천, 마곡 등)에 우수한 연구단지가 조성되어 있거나 조성 중에 있기 때문이다. 이미 갖고 있는 수도권의 자원을 지역으로 이전을 법적으로 강제한다고 해도 실효성이 없다. 당사자들이 반발하기 때문이다.

그러면 방법은 무엇인가. 첫째, 지방대가 지역별 거점 대학 네트워크를 형성할 수 있도록 규제를 완화해나간다. 예를 들면 대구경북의 경우 대구권, 포항권, 구미권 등으로 나누고 해당 권역에 있는 대학들이 학과 통폐합, 특성화 학과 설치, 학위 수여 방식 등을 정해서 정부에 요청해오면 교육당국은 해당 지역별 수요에 맞게 인정해주는 방식이다. 그동안 벽이 높았던 대학과 학문 간 벽을 무너뜨리는 것이다. 이로써 대학의 교육 수준이 상향

평준화되며 대학 간 서열을 무너뜨리는 효과를 기대할 수 있다. 호감도가 높은 대학교가 늘어나면서 극심한 입시경쟁을 완화하는 역할을 하기 때문이다. 전국의 지역별로 대학별로 이해관계가 다르기 때문에 지방 대학을 학령인구 감소, 새로운 인재에 대한 수요 등 시대에 맞게 자율적으로 개편해나가는 것이다. 아울러, 전체 학령인구 감소추세에 맞게 수도권과 지방대의 정원을 동시에 줄여나가야 한다. 거점 대학 네트워크로 지방대의 경쟁력을 강화하면 수도권 선호현상이 줄어들 것이다. 여기에 전체 국립 대학의 무상 교육은 수도권과 지방대의 편차를 줄이는 또 하나의 역할을 할 수 있다.

둘째, 학생선발과 예산편중 구조를 바로잡아야 한다. 2006년 서울대학교 합격자 중 일반고 비율이 약 80%였으나 2016년에는 이 비율이 약 50%로 감소했다. 대신에 소수의 특목고와 자사고 출신들이 차지했다. 아울러 전국 대학교 442개 중 국비지원총액 약 10조 원 중 약 10%가 서울대와 고려대, 그리고 연세대의 3개 대학에 지원됨으로써 지방 국립대의 역할이 축소되고 있다.

이처럼 상위권 대학에 대한 국비지원이 편중되고 대학 서열화가 고착화될수록 대학들은 본래의 역할에서 벗어나게 된다.

대학의 빈익빈 부익부가 된다. 입학한 학생들을 잘 가르치고, 대학마다 사회적 요구에 특성화하려는 노력보다 성적이 우수한 학생을 선발하기 위한 경쟁에 더 주력하게 된다.

학벌이 경제적 위치뿐만 아니라 사회적 지위까지 결정하는 구조에서 수도권의 대학이 전문직·고소득 직종의 취업에 유리하다. 상위권 대학의 입시경쟁은 더 치열하다. 저출산현상과는 반대의 모습을 보이고 있다. 이는 학령기 학생 수의 감소로 누구나 대학에 들어갈 수 있는 시대가 오고 있고, 이에 따라 각 대학이 치열하게 구조조정하고 있는 상황과 정면으로 배치되고 있다. 따라서 한 군데만 몰리는 비정상적 현상을 확 펼쳐서 지역 간 불평등을 해소해야 한다.

• 카네기멜론대학의 시작과 발전

미국의 피츠버그는 철강산업의 쇠퇴로 한때 '뚜껑열린 지옥'이라 불렀다. 하지만 피츠버그는 대학의 역할을 재정립하여 오바마 대통령이 2009년 G20 정상회담을 개최할 정도로 미국에서 가장 살기 좋은 도시로 변모했다.

당시 피츠버그에는 변변한 대학이 없었다. 철강재벌인 카네기와 금융재벌인 멜론이 공동으로 투자하여 카네기멜론대학을 설립하고 컴퓨터 공학을 특화시켰다. 두 재벌기업의 전략적 투자와 운영으로 카네기멜론대학은 컴퓨터공학 분야에 세계적인 대학으로 도약했다.

이와 함께 피츠버그주립대학은 바이오와 의약과 의료서비스를 특화시켰다. 우리로 이야기하면 국립대와 사립대가 서로 협력하는 상생 모델을 구축한 것이다. 한때 인구 40만 도시가 20만 도시로 급감하면서 각종 약탈과 불안으로 주민의 이탈이 급속히 진행됐던 지옥도시가 현재 주변부까지 합쳐 인구 100만 명의 풍요도시로 급성장했다. 인구의 양적규모뿐만 아니라 1인당 소득 수준, 주변환경 그리고 삶의 질에 있어서 미국에서 가장 살기 좋은 도시로 바뀌었다. 정책의 성공이 가져다준 축복이다.

우리도 피츠버그 모델을 벤치마킹하여 지역과 기업이 상생하는 모델을 만들어낼 수 있다. 이미 경북 포항에 포스코(철강)가 포항공대를 설립하여 운용 중에 있고, 전남 나주에 한전(에너지)이 한전공대의 설립을 2022년까지 목표로 중간연구용역을 발표했다. 이에 따르면 국가와 한전에 필요한 에너지 전문 인력을 육성하고 국가 균형 발전 측면에서 긍정적 효과가 있다고 밝히면서 학생 수 1,000명 안팎의 미니 공대로서 학생의 등록금 기숙사비는 전액 무료이며, 교수진은 노벨상 수상자급으로 전 세계적 우수인재를 영입한다. 그리고 최근 LG에너지솔루션과 고려대가 공동으로 2022년부터 배터리 분야의 인재를 직접 양성하기 위하여 대학원 계약학과를 개설하였다. 이렇듯 지역의 특화 산업과 대학이 상호 협력하는 모델을 전국적으로 확대해나가는 전략을 세워야 한다. 예를 들면, 구미(삼성, 전자)와 울산(현대, 자동차) 그리고 청주(LG, 바이오) 등을 정교한 정책설계와 기업의 자발적 참여 그리고 경제단체들의 중재하에 추진하는 것을 심각하게 고민할 필요가 있다.

이들 삼성대학(가칭) 등 기업대학은 인문학과 기술을 접목한 일종의 융합 대학으로 설립한다. 특화 분야 인재뿐만 아니라 이들 분야를 매개로 하여 전혀 새로운 창조인재를 양성한다. 아울러 이들 대기업이 수도권에 기 구축, 운영 중인 연구 인프라(인력, 장비 등)와 기업대학의 학부생과의 상생 모델을 개발, 운영한다. 이러한 성과물이 대기업의 신산업으로 연결되고 지역에 다양한 범위의 시제품 생산 라인을 구축함으로써 규모의 경제를 달성한다. 과거 양산 라인 가동 시 누렸던 경제규모와 고용인력 그리고 지역의 경제기여도를 대체해나간다. 지역 공동화를 방지해나가면서 기존의 생산중심에서 고부가가치업종으로 산업구조를 전환하는 동력을 제공한다.

　대학의 지배구조는 소규모 엘리트 양성을 목표로 하며 기존의 캠퍼스를 활용하거나 빌딩형 캠퍼스를 구축하여 비용을 최소화한다. 글로벌인재를 지향하며 지역인재 할당제를 실시하여 해당 지역 고교 출신자를 우선배정(예:10%)한다. 지역의 고교 출신자가 이들 기업대학에 진학함으로써 외지에 있는 외고, 과학고 등으로 두뇌 유출을 방지하고 지역의 고등학교 수준이 높아지면 자연스럽게 주변의 고등학교-중학교-초등학교의 수준이 덩달아 높아지는 일종의 동심원효과가 생겨난다. 현재 추진 중인 지방분권의 성공은 지역의 자체 경쟁력 확보가 관건이며 이는 대학의 역할 재정립에서 비롯된다. 여기서 기존 대학과의 역할 관계에 있어 많은 논란이 있을 수 있다. 그러나 삼성대학 등 기업대학은 기존 대학과의 관계에서 대체재가 아니라 보완재이다. 기업대학과 기존 대학에 입학하는 학생의 분야와 수준은 차이가 있기 때문이다. 학생들을 뺏고 뺏기는 경쟁이 아니다. 오히려 기업대학에 대해 국내뿐만 아니라 전 세계적으로 우수한 학생과 교수진들의 관심도가 높아짐에 따라 광고효과가 증대되고 기존 대학에 낙수효과가 생겨난다.

아울러 이들 기업대학의 최고 수준의 학습과 교수능력 등 교육 인프라는 지리적으로 인접한 기존 대학과 세미나 등을 통해 교류가 활발해지고, 전국적 규모로 이동성이 증가되며, 사회성이 활성화되는 클러스터효과가 나타난다. 수도권의 기존 자원을 지역으로 강제 배분하는 방식은 국가 전체의 경쟁력 확보차원에서 바람직하지 않다. 소규모 개방경제 체제인 우리 국가는 글로벌로 경쟁할 수밖에 없고, 지역이 어느 정도 경쟁력을 갖출 때까지 수도권이 최전방에서 국부창출을 위해 선방해주어야 하기 때문이다.

지역의 경쟁력을 살려, 전체 국가의 파이를 키워야 능동적이고 지속적이며 미래지향적 성장이 될 수 있다. 크기가 정해진 파이를 수도권과 지역이 서로 많이 가지려고 다투는 것은 볼썽사납고 부끄러운 일이며 무엇보다도 저급한 하책이다. 정부나 기업이 국가적으로 우수한 인재를 양성하는 것은 각자의 고유한 책임이고 숭고한 의무이다. 국가적 인재는 공공재이기 때문에 대학을 특화하거나 새로이 설립해서 이들을 공급하는 행위는 공정한 시장경제 질서에도 위배되지 않는다.

아무도 가보지 않은 길이라 해서 시도하지 않는다면 아주 오랫동안 우리는 더 발전하기 어려울 것이다. 남을 따라가서는 한 발자국도 앞설 수 없지만 다른 길로 가면 추월할 수 있다. 어떤 선택의 옳고 그름의 문제는 당시의 시대상황과 경제 여건 그리고 국민적 요구 등으로 판단해야 할 것이다. 현재 부작용이 있다고 해서 과거의 길을 부정해도 지금의 사실은 변하지 않는다. 현명한 사회는 과거를 거울로 삼아 새로운 미래의 길을 찾아가는 것이다. 그래야 역사가 발전한다. 자꾸 뒤돌아보면 미련과 후회에 매몰되어 한걸음도 앞으로 나아가지 못한다.

【】 대입시험제도를 변화시켜라

기원전 프리기아의 왕 고르디우스는 자기가 아끼던 수레를 신에게 제물로 바쳤으나 못내 아쉬워 절대 풀 수 없는 매듭으로 묶어 놓았다. 아울러 매듭을 푸는 자가 아시아를 정복할 것이라고 예언했다. 수많은 사람이 도전했으나 실패했다. 어느 날 페르

시아를 정복한 알렉산더 대왕이 찾아와 매듭을 풀려고 시도도 하지 않고 단 칼에 잘라냈다.

• 우리는 무엇을 공부할 것인가

엘빈 토플러는 "한국 학생들은 미래에 필요하지 않은 지식과 존재하지 않은 직업을 위해 하루 15시간씩 공부한다"고 했다. 저명한 미래학자의 섬뜩한 진단은 교육의 방향과 목표에 변화가 필요하다는 일종의 경고이다. 도대체 교육은 왜 필요하며 어디로 가야 하는지에 대해 근본적인 의문을 던진다. 미국 오바마 대통령이 한국의 교육에 대해 칭찬과 부러움을 전한 바 있다. 하지만 이는 한국 부모들의 교육에 대한 열정을 높이 평가한 것이지, 교육 제도가 우수하다고 이야기한 것은 아니다. 바꾸어 말하면 한국 부모들은 교육이 미래의 성공을 가져다준다고 확신하고 있기 때문에 누구보다 관심이 높고 어떤 희생을 치르더라도 기꺼이 경쟁을 감수한다. 자신들이 성공한 방식대로 자식들도 교육을 통해 성공할 것이라고 기대한다. 하지만 이제 부모 세대의 성공의 신화는 환상에 불과하고 사라진 신기루가 되어버렸다. 현재의 대입시험이 갈수록 기회의 문을 닫아 버리는 구조이기 때문이다.

　2018년도 프랑스 바칼로리아(IB)의 시험문제이다. '모든 진리는 결정적인가', '정의가 무엇인지 알기 위하여 불의를 경험하는 것이 필요한가'이다. 영국의 역사 수능 문제는 '1912년 루스벨트의 대선 패배 원인을 분석하시오'였다. 또 독일 대학시험에서는 '시와 소설 등의 제시문에 대해서 당신의 생각을 쓰시오'라는 주관식이 나왔다. 우리의 출제 유형과 사뭇 다르다. 우리는 교사가 지문의 해석을 해주고 학생들은 외워서 객관식 문제를 통해 정답을 고른다. 물론 점차 서술형, 논술형 문제가 출제되며 확대되는 경향이 있으나 이 또한 짜여진 정답과 정형화된 사고를 묻는 것이 많다. 4차 산업혁명 시대와는 어울리지 않으며 미래형인재 육성과는 거리가 멀다. 폴 김 스탠포드대 교육대학원 부학장은 "미국 실리콘밸리 지역 학생들은 답을 맞히는 것이 아니라 문제를 발견하고 이를 해결하는 방향으로 교육받고 있는데 한국은 주어진 정답을 맞혀가는 수동적 학생을 기르고 있다"고 했다.

　시험은 교육 제도를 결정하는 가장 중요한 요소이다. 시험은 평가 방식이며 어떤 능력을 평가하느냐에 따라 공부의 내용, 수업 방식 등이 달라지기 때문이다. 따라서 학교는 시험에서 우수하게 평가받을 수 있는 방향으로 학생들을 가르칠 수밖에 없다. 학부모와 교육당국이 명문 대학 입학성적 등으로 평가를 하고 더 높은 쪽으로 압력을 가할 것이기 때문이다. 수능과 내신의 평가 방식이 객관식인 현실에서 학교에서 객관식 시험 이외에 필요한 것들, 예를 들면 창의력, 공감력 등을 자율적으로 가르치기 힘들다.

자연적으로 독서에 대한 관심과 필요성이 떨어진다. 포럼 2020 김의환 간사장은 "국력은 지성의 총합이다. 지성은 독서에서 나온다. 하지만 OECD국가 중 독서량은 수년째 꼴찌이다"라고 한탄한다. 현행 대입시험제도는 책을 읽지 않아도 상위권 대학으로 진학하는 데 어려움이 없기 때문이다. 학창시절에 책을 읽는 훈련이 되어 있지 않으니 사회에 나와서도 책을 읽지 않는다. 국민 개개인의 덩치는 커졌지만 생각하는 힘은 점점 더 작아지고 있다. 잘못된 대입시험제도로 미래의 방향과는 반대로 가고 있는 것이다.

이처럼 학교가 학생을 사회 구성원으로서 역할을 제대로 할 수 있는 준비를 시키는 곳이 아니라 점수 몇 점 차이로 인생의 승부가 갈리는 사적인 지위 경쟁의 장소가 되고 있다. 따라서 시험의 출제경향을 분석하고 높은 점수를 받는 쪽으로 수업의 내용과 방식이 결정된다. 이는 교사의 책임이 아니라 교육 제도가 원인이다. 결국 시험이 바뀌지 않으면 어떤 것도 바뀌지 않는다. 정부도 이러한 문제점을 개선하기 위하여 2022년도 대입시험부터 문·이과 통합수능을 실시하고 2023년부터 고교학점제를 도입하는 등 교육개혁에 나서고 있으나 근본적 처방책은 아니다.

결국은 학교수업 방식을 완전히 바꿔야 한다. 혁명적 수준의 대입시험 개혁이 필요한 이유이다. 현행 수시(학종)와 정시(수능)으로 이원화된 구조를 통합하여 동일한 날짜에 시험을 치르고, 시험형태는 주관식을 도입한다. 일종의 국가고시國試를 도입하는 것이다. 왜냐하면 현재의 주입식 교육 제도로는 생각하는 힘을 키울 수 없기 때문이다. 다시 말하면 교육문제의 최정점에는 대입시험 제도가 있다. 대입시험 형태가 유치원과 초·중·고교의 교육 방식과 교육 내용에 절대적 영향을 미친다. 경제, 사회, 문화 전반에 걸쳐 파급되는 구조를 갖기 때문이다. 미셸 부커는 《회색 코뿔소가 온다》에서 "문제에 빨리 대응할수록 해결하기 쉽고 비용도 적게 든다는 사실을 모르는 사람은 없다. 늦게 대응하면 호미로 막을 것을 가래로 막아야 한다"고 말했다.

발전국가 시대의 교육 제도는 한강의 기적을 이루는 원동력이었다. 하지만 과거의 잘못된 교육 제도가 오랫동안 계속된다면 교육이 오히려 국가 발전에 장애물이 될 수 있으며 국가 미래의 날카로운 칼이 될 수도 있다는 것이다. 만약 10년 정도 앞을 내다보고 교육 제도의 큰 그림을 그리면 초·중·고교의 제도 변화 역시 견인할 수 있다. 이는 마치 높은 산의 눈사태가 모든 것을 덮어버리고 완전히 새로운 모습으로 다시 태어나는 것과 같다. 일종의 눈사태론論이다. 새로운 대입시험의 시행 시기는 미래의 기회가 동등하게 적용될 수 있도록 합의점을 찾아야 한다. 예를 들면 현재 초등학교 4학년부터 새로운 대입시험의 적용대상이 되도록 정책을 역설계해나가는 것을 고려한다.

현행 교육 제도하에서는 중학교 때부터 이미 진로를 결정하고 미리 준비하기 때문에 기울어진 운동장을 최소화해야 한다. 새로운 대입시험 제도의 결정부터 사전준비 그리고 본격 시행까지 소요되는 총 기간은 결코 긴 시간이 아니다. 일본 역시 2020년부터 수능 폐지를 포함한 새로운 대입시험의 개편을 위해 거의 10년 동안을 치밀하게 준비해왔다. 우리의 학부모들은 모두가 교육전문가이면서 이해당사자이다. 학부모들이 받아들일 수 있는 여건 즉, 교육대상인 모든 학생들이 동일한 조건과 출발선에서 경쟁을 시작할 수 있도록 설계해야 한다. 그래야만이 합의가 이루어지고 실현가능성이 높아질 것이다.

교육은 백년대계라는 명제를 생각하면서 차근차근 치밀하게 그리고 구체적으로 준비해나가야 한다. 새로운 대입시험 제도의 형태와 운영방법 그리고 평가방법 등에 대해 준비에 소홀함이 없어야 한다. 대입시험 제도의 큰 물줄기를 바꾸고 새로운 역사를 만들어나가는 데에 이 정도의 준비기간은 결코 길지 않다. 토드 부크홀츠는 말했다. "미리 대비하지 않으면 미래는 현재가 되고 현재는 과거가 되며 과거는 돌이킬 수 없는 후회가 된다."

• 공정한 대입제도는 어떻게 시작할까?

공정성은 경쟁의 결과를 줄 세우기가 아니라 학교수업 과정에서 배운 학생의 재능과 능력 그리고 창의력을 평가할 수 있는 구조로 바꾸어야 가능한 일이다. 정상적인 공교육 시스템은 학교 수업에 충실한 학생이 좋은 평가를 받고 이들이 좋은 대학에 갈 수 있도록 할 것이다. 지극히 자연스러운 모습이다. 스스로 도움이 아닌 외부의 도움으로 좋은 대학에 가는 것은 그 자체가 반칙이다. 지금의 교육 방식으로는 빌 게이츠 같은 창의적이고 도전적인 인재가 탄생하기 힘들다. 울타리 속에 가두어서 키웠기 때문이다.

또한 새로운 대입시험은 명문 대학을 나오지 않아도 출세할 수 있는 기회가 확대될 수 있어야 한다. 끊어진 계층 이동의 사다리가 복원되고 예전같이 개천에서 용이 나오는 시스템이 되어야 한다. 다행히 최근 객관식 시험의 공정성에 대한 회의적 시각의 확산되고 있다. 첫째, 객관식 시험은 성적순으로 줄을 세워 서열화하는데 이는 21세기의 시대정신과 어울리지 않는다. 개인의 자유와 개성이 존중받고 다양하고 복잡한 사회에서 객관식 시험 점수 몇 점이 어떤 의미가 있는가! 단지 대학의 입학을 결정하기 위한 하나의 방편에 지나지 않는다. 능력 있고 재능 있는 학생들을 선발하는 것과는 거리가 멀다.

둘째, 객관식시험으로는 능력과 역량을 제대로 평가하지 못한다. 능력의 크기와 어떤 능력을 가지고 있는가를 평가하는 시험이 아니다. 따라서 학생 각자의 숨겨진 역량과 자질을 발굴하는 데에 한계가 있다. 공정하지 못한 방법이다. "객관식이 객관적이다"라는 주장에 숨겨진 위장된 공정성이다. 치명적인 약점이다.

객관식 한 문제로 수능의 등급이 바뀌고, 대학이 바뀌고 인생이 달라질 수 있다. 운도 실력이라고 말하기에는 너무 해학적이다.

주관적 평가 방식이 공정하지 못하다는 근거는 어디에도 없다. 조선의 과거시험, 관료충원을 위한 고시문제, 선진국 등에서 수년간 실시해오고 있는 국제 IB 등의 시험의 채점이 공정성이 문제된 적은 없다. 일례로 조선 명종 때 과거시험 문제가 '교육이 가야 할 길은 무엇인가'였다. 정답이 있는 시험문제가 아니다. 그렇다고 채점위원들의 주관적 판단에 의해 자의적으로 평가한 것이 아니다. 공정한 방법과 절차에 따라 채점하였다.

대학별고사 문제 역시 각 대학별로 최대한 공정하게 평가할 수 있는 시스템을 갖고 있었다. 다만, 대학별고사 문제가 교과서 밖에서 출제되는 경우가 많아 사교육을 조장한 부작용을 낳았다. 주관적 평가의 공정성은 다음 방법에 의해서 확보될 수 있을 것이다. 1) 채점위원이 누구인지 모른다. 2) 모범답안을 공정하게 만든다. 3) 여러 명의 채점자가 교차 채점한다. 4) 오차 범위가 큰 경우 재채점하고 이의신청 절차를 둔다. 5) 채점위원은 전문성, 자질, 능력을 감안하여 공정한 절차에 의해 선발한다.

공정한 대입시험 제도의 시작은 먼저 대입시험을 표준화를 하는 것이다. 영국, 프랑스, 독일은 표준화된 대입시험을 통해 학생을 선발한다. 동일한 날짜에 동일한 시험지로 시험을 본다. 많은 사람이 객관식이 공정하다고 생각하는 것은 정답이 정해져 있으므로 표준화되어 있다고 생각하기 때문이다. 주관식 역시 정답이 정해져 있어 표준화될 수 있으며 누구나 신뢰할 수 있는 합리적 채점 방식을 구축한다면 충분히 공정한 시험이 될 수 있다. 오히려 객관식이 가짜 표준화가 될 수 있다. 객관식 출제 문제의 범위가 제한되기 때문에 변별력을 확보하기 위해 문제를 이리저리 꼬아서 낸다. 2019년도에는 수능문제의 정답이 불분명하여 비난이 쏟아졌다. 수학 시험에선 교수조차 시간 내에 풀 수 없는 문제가 출제되곤 한다. 또 여론의 동향에 따라 매년 대입시험의 난이도가 들쭉날쭉하다. 객관식이기 때문에 난이도 조절이 가능하기 때문이다.

선진국은 공정성을 확보하기 위하여 내신과 대입시험으로 학생 선발을 단순화하고 있다. 비교과과목을 정규과목에 포함하여 내신을 정량화하여 시시비비를 없앤다. 유럽은 과목별로 논술고사를 치르고 고교 교육과 연계함으로써 학교 교육만으로 준비가 가능하다.

반면에 한국은 논술 과목이 불분명하고 고교 교육과 연계성이 부족하여 사교육을 유발한다. 우리는 비교과에 논문, 봉사 등 평가요소가 다양하고 복잡하기 때문에 온갖 편법과 불법 그리고 특혜 우려를 갖고 있다. 더욱이 이는 각자 학생들이 알아서 선택하고 수행하기 때문에 정량화가 불가능하여 공정성의 문제가 발생하는 것이다. 이를 반영하여 현재 고등학교 1학년은 학종에 자기소개서를 폐지하기로 하였다.

　원천적으로 우리는 학생 선발방법이 복잡한 구조이다. 선발시기(수시와 정시)와 평가성적(수능, 내신, 비교과) 그리고 대학별 선발 방식을 모두 조합하면 학생 선발방법이 수백 가지가 넘는다고 한다. 해법을 찾기 어려운 고차방정식이 된다. 부모의 정보력과 인맥 그리고 능력이 자녀의 진학에 절대적 영향을 미친다.

　대학은 아이가 가는데 부모가 다 알아서 해줘야 한다. 경우의 수가 너무나 많고 복잡하기 때문이다. 원천적으로 불공평한 방식이다. 매년 대학입시 설명회에 입추의 여지가 없이 학부모와 아이가 참여하고 설명회 내내 어떤 내용인지, 아이에게 도움이 되는 것인지 잘 이해하지 못한다.

• 불안하니까 사교육? 이제는 그만!

사교육은 끊임없는 반복 학습으로 암기력을 높이고 실수를 줄이며 문제풀이 요령 등을 가르쳐줌으로써 확실한 성과를 가져다준다. 사교육이라는 불치병은 대입시험의 객관식 구조가 상당한 원인을 제공한다. 먼저, 사교육의 증상을 살펴보면, 첫째, 사교육비의 지출에 대해 가성비가 이중적 구조를 보이고 있다. 즉, 상위권 학생에게는 사교육비의 가성비가 높다. 학원에서 시간과 노력 그리고 돈에 따라 몇 문제는 더 맞출 수 있는 개연성이 높아지기 때문이다. 시장 논리에 따라 고액과외가 성행하고 강남불패신화가 지속된다.

문제는 중하위권 학생에게는 사교육의 가성비가 낮다는 것이다. 몇 문제 더 맞힌다 한들 전체적인 학교나 학과 선택에 크게 도움이 되지 않는다. 상위권 학생들의 행동양식에 포획당하게 되는 것이다. 일종의 우산효과이다. 우산 속에 같이 있으면 비를 조금 맞더라도 대수롭지 않게 여기는 것과 마찬가지이다.

부모들은 이러한 상황을 알면서도 사교육을 시킨다. 수능, 내신, 논술, 비교과 성적 평가를 위해서는 모두 사교육을 받아야만 유리한 구조이다. 남의 집 자식들이 학원에 가니 안 보낼 수도 없다. 울며 겨자 먹기이다. 일종의 상대적 불안감이다. 여기에 부모의 자존심과 자식에 대한 기대감이 합쳐지면 죽기 살기로 학원에 보낸다. 끝없는 경쟁이 된다. 그러나 돈과 시간에 대한 투입 대비 효과는 거의 없다.

다음으로 신분세습의 도구로 작용된다. 부자 부모들은 자식들을 무조건 학원에 보낸다. 이들은 어릴 적부터 고액과외를 받아 왔기 때문에 수능에서 높은 점수를 받을 확률이 높다. 지속적이고 고액의 사교육비는 높은 점수로 귀착된다. 반면 저소득층 부모와 맞벌이 부모의 경우, 자녀들을 마지못해 학원에 보낸다. 다른 애들이 사교육을 받는데 안 시키면 불안하고 학원에 가지 않으면 놀 친구가 없다. 효과가 없는 줄 알면서도 학원비를 지출한다. 중하위권 아이들 역시 사교육 진도를 못 따라가니 대충 공부하고 늦게까지 학원에서 논다. 부모들이나 아이들은 이러한 사실을 누구보다도 잘 알고 있다. 사교육을 포기할 수도 없고 체념 상태로 따라갈 수밖에 없는 고통스러운 현실이다.

상위권 학생을 위한 들러리 인생이 일찍부터 시작된다. 요즘의 조숙한 아이들은 교육의 비합리성에 반감을 갖기 시작하고 자라서는 사회의 저항세력이 된다. 현재 대입시험 형태를 그대로 둔 채 입시 전형을 어떤 방식으로 바꾼다 해도 사교육은 없어지지 않을 것이다. 왜냐하면 부자들이 사교육을 지위재로서 계속 확대할 것이며, 아울러 사교육시장이 부자들에게 더 유리한 점수를 받을 수 있는 방안으로 유혹할 것이기 때문이다.

예를 들어 현재 대입시험에서 객관식 수능의 한계를 보완하고자 실시하고 있는 학생부 종합전형(학종)의 경우 복잡하고 다양하다. 즉, 컨설팅, 독서, 봉사, 대외활동, 글쓰기 등으로 사교육 시장의 범위가 더 세분화되고 고액화된다. 부모에게 부담이 가중된다. 부모들은 이미 주입식 세대들이다. 이러한 학종의 형태는 부모들이 어릴 적부터 훈련된 분야가 아니다. 부모 세대들은 경험이 없어 아이들을 도와줄 수가 없다. 학업의 사교육비에 학종의 사교육비까지 보태줘서 경제적으로 더 부담이 가중된다. 사교육시장은 수요가 있으니 맞춤형으로 더 생겨난다.

학교에서 가정으로 이것저것 하도록 시키면 사교육시장은 더 늘어난다. 부모들의 시간과 돈이 더 투입되게 되어 있다. 학생들을 훌륭히 키워야 하는 시대적 요구를 대입시험 제도의 개편을 통해 정공법으로 해결하지 않고 이런저런 편법으로 풀려고 하다 보니 계속해서 새로운 부작용을 만들어 낸다. 일종의 사교육비 역설이 발생하고 있다. 먼저, 시간이 지날수록 사교육비가 줄어드는 것이 아니라 오히려 늘어난다. 다음으로 학생 수가 계속 줄어드는데도 사교육비는 더 늘어난다. 마지막으로 부모 소득에 무관하게 사교육비는 계속 증가하는 것이다.

하지만 저출산으로 새로운 기회가 오고 있다. 이제 사교육을 없앨 수 있는 계기가 마련되고 있는 것이다. 첫째는 모두가 대입 선발의 경쟁 없이 대학에 갈 수 있다는 점이다. 둘째는 교육의 방향이 기존과는 완전히 달라지고 있다. 즉 주입식·획일적 인재가 아니라 창조인재를 키워야 한다는 시대적 요구가 갈수록 커지고 있다는 것이다. 이러한 시대상황이 제도권 안에서 공교육을 정상화하고 동시에 미래의 인재수요에 부합하는 체제를 재구축하도록 명분을 제공하고 있다.

그러면 사교육을 어떻게 봉쇄할 것인가. 큰 틀은 학교수업과 사교육시장과의 연결성을 차단하는 것이다. 즉 일종의 분리 전략이다. 사교육의 가성비가 최대한 낮아지도록 제도를 개혁해 나간다. 새로운 대입시험은 학교 교과 과정(3개월-6개월-1년 등)에 따라 성과를 평가하도록 하고, 교사의 자율성 확대로 같은 과목이라도 가르치는 내용이 다를 수밖에 없도록 한다. 주제와 방식,

시기 등이 학교에 따라 교사마다 다르기 때문에 사교육 시장의 타깃(조준점)이 사라진다. 개입의 여지가 차단되는 것이다.

수업 준비 과정도 학생이 스스로 한다. 도서관에서 자료를 찾고 팀별 토론을 하고, 협동으로 답을 찾는 작업을 한다. 스스로 생각하는 힘을 키우게 된다. 부모나 사교육시장이 도와줄 수 있는 영역이 아니며 외부에서 개입할 여지가 없다. 일례로 역사시험에 있어서 객관식 시험은 역사적 사실을 평가하지만 새로운 시험에서는 역사적 관점을 평가한다. 정답을 쓰는 것이 아니라 역사적 사실에 대한 자기의 해석을 쓴다. 정답 자체가 없다. 역사적 사실만 진실일 뿐이다. 역사적 해석은 다르다. 객관식 시험에서 수학은 계산결과를 평가한다. 누가 정해진 시간 안에 빨리 문제를 푸느냐이다. 수학 공식을 외우고 있어야 한다. 수백 번의 반복을 통해 정확히 계산해야 한다. 인공지능AI이 단 몇 초 동안 계산할 수 있는 문제를 수도 없이 반복해서 연습한다. 새로운 시험은 수학의 과정을 평가한다. 학교에서 교사의 지도로 따라갈 수 있다. 송영준 전국 수학교사 모임의 회장이 "학생들 머릿속에는 수학개념이 있는 게 아니라 문제 유형이 있다"고 한 말을 되새겨볼 필요가 있다.

새로운 시험은 학교에서 배운 내용이 그대로 시험에 나오는 것이 아니라 어떤 문제가 나오더라도 자기의 생각을 정리하고 서술할 수 있는 창의력을 평가한다. 마치 운동선수나 군인들이 지속적이고 강도 높은 훈련을 통해 실전 적응력을 배양하는 것과 같은 이치이다. 대학별고사와도 완전히 형태가 다르다. 대학별고사는 정답을 맞히는 시험이기 때문이다. 정답이 없는 평가이기 때문에 사교육시장이 개입할 수 있는 요소가 원천 차단된다. 학교 수업 과정을 통해서 여러 가지 주제를 다양한 각도와 방식을 통해 경험하고 훈련한다. 새로운 시험은 학교에서 배운 내용 중에서 응용력을 평가하는 것이다

• 이웃나라 일본의 발 빠른 대입제도 대전환

일본은 2010년경부터 당시의 국가 교육 시스템으로는 지속적인 번영에 한계가 있다는 것을 절감하고 문부과학성 주도로 교육개혁(안)을 만들고 장기적 계획에 따라 체계적이고 구체적인 준비를 시작했다. 우리의 교육부와는 일하는 방식이나 관료의 책임측면에서 판이하게 다른 모습이다.

이러한 상황에서 2012년에 일본의 최대 기업단체인 게이단렌

(우리의 전경련에 해당한다)이 정부에 국제적 감각을 갖춘 인재 양성과 공급을 요청하는 성명서를 발표했다. 이에 정부가 기업과 한 목소리를 내고 국민이 수긍할 수 있는 정책목표를 분명히 제시했다. 국민들 역시 제도의 변화 과정에서 발생할 수 있는 일시적 혼란을 감내할 수 있다는 동의와 지지를 보냈다. 생각하는 힘을 키우는 교육개편의 방향성에 대해 사회적 공감대를 형성한 것이다. 이러한 대입 제도의 개혁은 일본의 교육 유신이라 불리기도 한다. 일본이 150년간 유지해온 근대 교육의 틀을 근본적으로 대전환하는 계기가 되었다.

이에 따라 일본은 2013년 아시아국가 최초로 공교육에 IB를 도입하기로 결정하고, 2015년 1월 문부과학성은 초·중·고교와 대학, 대학입시까지 포괄하는 교육개혁안을 발표했다. 2017년에는 예비 시행을 했다. 국어는 25자, 50자, 120자를 기술하는 조건부 서술형이 출제되었고, 국어 7만 명, 수학 6만 명이 응시했으며 답안채점에 약 1,000명의 채점위원이 2주간 채점했다. 전면적 논술형 도입 전에 조건부 서술형을 실시하여 문제점을 점검하였다.

현재 일본은 새로운 대입시험과 관련하여 매년 수차례 논·서술형 시범문제를 공개하며 의견 수렴을 해나가면서 대입시험

개편의 혼란을 최소화하고 있다. 이러한 논·서술형 시험에 대해 일본 국민들의 공감대가 확대되고 있다. 일본의 고민은 수십만 명의 논술 답안을 단기간에 이의 제기가 없을 정도로 공정한 채점을 하는 데에 있다. 이렇게 일본은 기존의 시험 제도의 수정이나 보완이 아니라 많은 이해관계인들의 갈등을 감안하는 IB를 도입하여 혁명적 수준으로 개혁했다. 경제 격차가 교육격차로 이어지지 않도록 IB 교육 과정 전체를 일본어로 번역해서 공교육에 무상으로 확산시키고 있다. 2020년 IB 시행을 목표로 최소 10년 이상을 준비하고, 설득하고, 이해를 구하며 차근차근 진행해왔다. 일본다운 정책 프로세스이며 우리는 어디에도 일본 문무과학성에 버금가는 책임과 전략 그리고 정치권의 결단이 없다. 일본에 뒤진 기술력과 의식 수준에 더하여 교육 분야까지 따라가게 생겼다. 이미 10년 이상 뒤처져 있을 수도 있다. 일본이 왜 시험 제도를 바꾸는 것인지에 대한 근본적인 통찰력이 학자와 언론 그리고 정치권 등에 없다. 교육개혁 시늉만 하고 있을 뿐이다. 실력이 없으니 용기가 없고 따라서 전면에 나서기보다는 뒤로 숨는다.

일본은 교육을 개혁해야 사회를 바꿀 수 있다는 인식을 광범위하게 공유하고 있다. 사회개혁을 통해 교육개혁을 이루는 것이 아니라 교육을 통해 사람을 바꾸어서 사회를 변화시키는 길을 선택한 것이다. 일본은 19세기 메이지 유신을 통해 나라를 개방하고 근대화를 이루었고 새로운 나라로 변신했다. IB 도입 등의 교육개혁도 장기적인 국가 전략의 포석이다.

이제 일본은 수십 년간 유지해오던 교육 제도를 태풍이 지나간 자리처럼 완전히 뒤엎고 교육혁명을 단행했다. 교육의 새로운 방향을 정립했다. 극일克日은 일본을 무시하거나 비난하거나 핏대 어린 목소리로 아우성친다고 이루어지는 것이 아니다. 진정으로 일본을 이길 수 있는 방법이 무엇인가? 최소한 일본이 무엇을 하고 있는지는 관찰하고 왜 그렇게 하고 있는지 분석해야 한다. 21세기에도 세계 중심국가로 그리고 아시아에서의 패권국가가 되고자 준비하는 과정이다. '역사는 반복되지만 재현되지 않는다'는 명제가 틀릴 수도 있음을 알아야 한다. 그런데 우리는 가만히 앉아서 강 건너 불구경하듯이 하고 있다. 일본은 임진왜란 때 전 국민을 능멸했다. 지금의 교육 상황은 전쟁 없이도 조선말 나라를 빼앗길 당시의 시대 모습과 똑같다. 치욕의 그날은 예고 없이 우리에게 다가왔다는 역사를 반드시 기억해야 한다.

일본은 배우고 바꾸고 변화해나간다. 메이지 유신도 그렇고 교육개혁도 그러하다. 일본이 섬이 아니고 우리가 섬이 된 듯하다. 모든 생물이 퇴화하는 갈라파고스 섬이 되었다. 일본은 알에서 깨어나서 비상하는데 우리는 수십 년째 그 자리에서 표류하고 있다.

• 한국이 할 수 있는 대입제도의 시작

먼저, 현행 IB 시스템을 벤치마킹할 필요성이 있다. IB는 150여 개국 6,000여 개 학교에서 운영되는 전 과목 논술, 토론 위주의 교육 과정과 대입시험 체제이다. 영어, 프랑스어, 스페인어로 운영되며 2015년부터 일본어판으로도 운영되기 시작했다. IB는 스위스에 본부, 영국에 채점 센터, 싱가포르에 아시아태평양 본부를 두고 있다. IB는 50년간 검정된 공신력 있는 교육 과정과 대입체제를 운영해오고 있다. 국제적으로 신뢰가 높은 시험이다. IB는 답이 아닌 과정을 이끌어내는 교육이며, IB는 절대 평가 방식을 채택하고 있다.

먼저, IB는 엘리트의 양성에 적합한 시험이다. IB는 국제기관이 만든 교육 과정과 시험으로 토론과 발표 중심으로 수업하고, 학생 생각을 묻는 서술형과 논술형 시험으로 성적을 매긴다. 질문 중심으로 토론을 강조하며 문제의 발견과 해결능력을 동시에 지향한다. 논리적 사고력과 소통기술을 개발한다. IB 교육 과정은 그 자체가 수능이다. 내신과 논술 그리고 비교과활동을 포함하기 때문이다. 따라서 내신 부풀리기 문제, 학종의 부작용을 상당히 해소할 수 있다.

이러한 교육 방식은 창의력을 키우고 협업과 공감능력을 길러준다. 4차 산업혁명 시대에 능력과 가치를 동시에 지닌 실용주의적 인재의 양성이다. 이혜정 서울대 교수(교육과 혁신 연구소 소장)에 따르면 수능은 하나의 정답을 고르는 반면, IB는 학생의 고유한 생각을 설득력 있게 표현하는 것이다. 수능은 학교에서 보편적이고 일반적인 지식이나 관점을 배워왔기 때문에 하나의 정답을 골라야 한다. 수능은 단 하루에 시험을 치르지만 IB는 하루에 한두 과목씩 몇 주에 걸쳐서 계속적으로 본다.

IB는 졸업 시까지 최대한 학교생활에 충실하게 되고 평가에 시간과 여유를 가지고 각자의 능력을 최대한 측정한다. 제대로 평가받고 자연스럽고 아름다운 학창시절의 마무리를 할 수 있게 한다. 우리는 단 하루에 3년간 배운 것을 객관식으로 평가해버린다. 그날의 컨디션과 운에 의해 좌우되는 하루살이 시험이다. 수능성적에 대해서 본인 스스로 받아들이기 힘들고, 결과에 쉽게 승복하기도 어렵다.

다음으로 IB는 학생들의 잠재력을 키우고 도출하는 대입시험이다. IB는 수능과 난이도 측면에서 차이가 나는 시험이 아니다. 평가 방식과 평가기준이 다른 별도의 시험 형태일 뿐이다. 시험문제 자체의 난이도가 아니라 어떤 방향으로 공부해왔느냐에 대한 평가이다. 즉 IB가 난이도가 높은 것이 아니고 종류가 다른 시험일 뿐이다. 학부모의 염려와 걱정은 안 해도 된다. 오히려 자녀들의 미래의 성공을 원한다면 초등학교부터 이미 서열이 매겨져서 상위권 학생을 따라가는 것이 아니라 IB는 교과 과정을 통해 아이의 타고난 재능과 소질을 발굴하고 육성한다.

심지어 대학에 들어갈 때 이러한 아이의 잠재력이 드러나지 않더라도 중·고등학교에서의 훈련과 경험은 대학뿐만 아니라 사회생활에서 위력을 발휘할 수 있다. 각자의 삶의 영역에서 특이한 능력을 길러주는 것이다. 현재 프랑스, 영국, 독일이 시행하는 IB는 전 과목 모두 한 문제당 몇 시간씩 논술을 해야 하는 절대 평가 시험이 수능이자 내신이다. 이 성적으로 대학에 입학한다. 입시 제도가 표준화되어 있고 단순하다. 반면 우리는 수능과 내신이 전 과목 객관식 상대 평가가 주를 이루고 있다. 여기에 학종을 엮어서 수시와 정시로 나뉘면서 입시 제도가 정형화되어 있지 않고 복잡하다.

이러한 문제점을 인식하고 국내에서도 일부 교육감이 중앙정부보다 선제적으로 IB 도입 계획을 밝히고 준비단계에 있다. 현재 17개 시·도 교육청 중 절반이 넘는 9개 교육청에서 IB 도입을 검토하거나 연구용역에 착수했다. 또 최근 대구교육청과 제주교육청이 IB측과 시범실시의 준비에 들어갔다. 2023년 11월에 한국어로 첫 대입시험을 치르는 것을 목표로 IB본부와 교원양성 및 채점관 양성을 포함할 IB 평가 체제를 구축해나가고 있다. 아울러 IB는 학교 내에서 논술을 가르치기 때문에 사교육비 증가는 우려하지 않아도 된다. 먼저, 논술의 도입취지를 보면 지난 수십 년간 실시해온 수능이 미래인재의 수요에 부응하기 어렵기 때문에 창의력을 키우고, 글쓰기, 독서의 능력을 키우고자 도입한 측면이 강하다. 그런데 대입시험에서 수능과 함께 논술의 비중이 높아지다 보니 학생과 학부모들이 사교육을 시키지 않을 수 없게 되었다.

학교에서 교사들이 가르치지 않는 분야를 대입시험에서 평가하는 것은 국가가 사교육을 조장한 측면이 크다. IB는 논술형 사고와 학습을 학교 교과 과정 내에서 저학년부터 전 학기에 걸쳐서 꾸준히 훈련하고 준비해오기 때문에 오히려 사교육을 줄일 수 있다. 제도권 안으로 논술의 영역을 가져오는 것이다. 이는 학령인구 감소에 따라 발생하는 잉여교사들을 IB의 본격적 시행에 맞추어 방과 후에 논술지도에 활용하면 가능한 일이다.

IB 도입시 최우선 고려사항은 교사의 토론식, 협력식 수업 준비 여건이다. 만약 국가가 IB를 도입하기로 결정하고 나면 IB 본부에서 교사들을 연수시켜준다. 전문 연수와 지원프로그램을 통해 교사의 가르치는 능력을 함양할 수 있다. 교사의 자율성과 교수법 그리고 교육권을 보장할 수 있게 된다. 현재 학생 수의 급감으로 교사의 수가 잉여상태에 있다. 이들 교사들을 흡수하기 위하여 교사 1인당 학생 수를 OECD 최고 수준으로 목표를 설정하면 기존 교사 수를 유지하면서도 신규교사를 선발할 수 있다. 국가 재정을 이렇게 사용하는 것은 합리적이고 타당하다. 세계에서 가장 우수한 학생을 양성하기 위한 교육에 대한 대대적 투자는 결코 빚이 아니라 투자이다. 확대재정을 기꺼이 해야 한다. 기존 교사는 새로이 IB연수를 보내고 신규교사를 대신 그 자리에 대체한다. IB가 본격 시행되기 전에 준비단계에서 치밀하게 수급을 맞춘다. IB 도입을 매개로 기존 교사와 신규 교사의 수급이 선순환구조를 만든다. 국가적인 교사 수급 전략은 IB 도입을 매개로 해서 대규모 일자리 창출로도 연결될 수 있다.

그 다음 고려사항은 프랑스IB 사례를 참조하여 한국식 출제 모델을 개발하는 것이다. 프랑스에서는 교육부가 전국 각 교육청에 시험문제 출제를 의뢰하면 각 교육청에서는 출제위원회를 구성한다. 교육부나 교육청의 담당자가 공동위원장을 맡고 고등학교 교사들이 위원으로 차출되어 문제를 출제하는데 여러 후보 문제 중 최종 문제를 교육감이 선택하고 공동위원장이 승인하는 형태로 결정된다. 2019년 프랑스 IB 시험은 2주 동안 전국 4,411개 고사장과 국외 141개 고사장에서 치러졌고 전국 교사 17만 명이 차출되어 교육훈련 후 채점관으로 투입되었다. 채점에 약 2조 원이 소요되었다. 답안지는 모두 스캔하여 온라인 시스템에서 채점하게 되어 있으며 공정하고 신뢰할 수 있는 채점 시스템이 체계적으로 구축되어 있다고 한다.

마지막으로 만약 2029년에 우리의 경우 대학응시자가 약 40만 명이라고 가정한다면 상당한 비용이 매년 소요될 것이므로 특단의 조치가 필요하다. 관건은 어떻게 채점의 신뢰성을 확보할 것인가가 될 것이다. 먼저, 채점에 대한 인식이다. 교수사회에 대한 신뢰가 높지 않은 상황에서 개별 대학별로 채점을 맡길 경우 끊임없는 공정성 시비가 일어날 것이다. 또 현행 수능 채점기관은 새로운 대입시험을 감당할 여력이 없다. 시험의 형태도 다르고 채점의 범위와 규모가 다양하고 방대하기 때문이다. 특단의 조치가 필요한 이유이다.

따라서 이를 해결하기 위해 한국식 채점 모델을 개발하는 것이다. 한국식 채점 모델로 'AI 채점관(채점 로봇)'을 개발하여 활용할 것을 제안한다. 프랑스의 IB의 채점 과정을 벤치마킹하여 세계 최초로 AI 채점관을 개발하면 AI를 활용하는 산업과 교육 등 다방면에 파급효과가 크다. 소위 'AI 채점관 국가 개발 프로젝트'에는 AI 산학연 전문가, 인문학자, 교육전문가들이 참가하여 범국가적으로 체계적으로 기획, 개발, 적용한다. AI 채점관개발의 목표를 특정함으로써 개발의 성공 가능성을 높이고 현재 객관식 시험지를 기계가 채점하여 오류가 없다는 인식이 있듯이 채점의 공정성을 높이는 방안이 될 수 있다.

우리는 이미 국책 프로젝트로 CDMA(코드분할통신방식)를 개발하여 이동통신 선진국이 되었으며 HDTV(고화질 TV)를 개발하여 세계 최강의 TV수출국이 되었다. AI와 교육의 접목을 통해 산업과 인문의 융합산업을 새로이 창출하는 계기가 될 수 있으며 교육선진국으로 도약할 수 있는 기틀을 마련할 수 있다. 아울러 교사와 AI 채점관의 역할 분담, AI 채점 절차 및 방법 등 AI 채점 시스템 구축 모델을 수출산업으로 육성할 수 있는 기회가 될 수 있을 것이다.

"

셰익스피어의 이야기처럼
우리의 운명을 별자리에 맡겨 놓는 것이 아니라
우리의 의지로 극복해나간다.

"

제 3 부

천천히 오래도록
함께 가자

지속가능한 사회, 아름다운 미래의 길

국가의 번영은 소득의 증가와 삶의 질 향상 그리고 기대수명의 증가 등 풍요와 평화의 시대를 가져다준다. 하지만 시간이 지날수록 사람들의 기대 수준이 더 높아지고 생각들이 다양해지면서 사람들 간에 거리가 자꾸만 멀어지기 때문에 갈등의 골이 더 커진다. 사실 돈이 많아지면 다른 이들을 혐오하거나 피하는 이유 또한 많아질 수 있기 때문이다. 따라서 번영의 시대를 잘 관리하지 못하면 비록 선진국이라 할지라도 불평등의 격차가 더 커지고 국민의 행복지수는 더 떨어질 수 있다. 이렇듯 국가의 쇠퇴는 경제적 침체나 환경적 재앙이 아니라 번영 이후 사회

시스템의 분열에서 오는 것이 일반적 경로이다. 사람들의 인식과 행동양식 그리고 의식 수준이 변화함으로써 사회분열의 힘이 커지고 적절히 대응하지 못할 경우 국가는 위기에 빠진다. 각자가 각자의 길로 감으로써 구심력이 생기지 않는 것이다. 번영의 오늘을 계속 유지하기 위해서는 사고의 틀을 혁신적으로 전환하여 사회를 재구조화하고 계속적인 경제재편이 뒤따라야 가능한 일이다. 번영국가의 궁극적 목표는 새로운 한국을 건설하는 것이다.

번영국가는 성장과 성숙을 동시에 추구한다. 먼저 성장의 의미에는 현재 세대가 과거 세대보다 더 잘살 수 있을 것이라는 믿음이 있으며 밑바닥에서도 정상에 오를 수 있다는 기대가 있는 사회이다. 하지만 사회는 지속가능한 번영을 추구하지만 번영은 항상 쇠퇴라는 동전의 다른 쪽 면을 갖고 있다. 이렇게 번영이 쇠퇴의 씨앗이 될 수도 있다. 역사상 항구적으로 번영한 국가도 없고 가난한 나라로 그 자리에 가라앉은 경우도 드물다. 그렇지만 번영이 더 높은 번영을 향해 전진하거나 정상상태Steady State에 머물러 있는 기간은 아쉽게도 사람들의 기대보다 언제나 짧았던 것이 역사의 경험이다.

마치 '러셀의 닭'처럼 경제가 끊임없이 성장할 것이라는 지나친 낙관론에 의지하다가 어느 날 갑자기 평온의 일상이 사라질 수 있다는 것이다. '러셀의 닭'은 노벨문학상 수상자인 영국철학자 버트런드 러셀이 묘사한 말로 닭에게 매일 먹이를 주던 농부가 결국 닭의 목을 비틀 듯이, 주가가 끊임없이 오르고, 자신의 권좌가 영원할 것이라고 여기는 독재자 등에게 경종을 울리는 의미로 사용된다. 번영을 유지하는 한 방법은 사회의 역동성을 안정적으로 확보하는 것이다. 일종의 자전거타기이다. 처음에는 비틀거리지만 페달을 계속 밟고 있는 동안에는 앞으로 나아가는 것과 같은 이치이다. 역동성은 능력 있는 사람을 키우고, 그들이 능력을 발휘할 수 있으며 각자의 능력의 차이를 서로서로가 인정하는 시스템이다. 따라서 만일 어려운 사람을 돕겠다고 능력 있는 사람들을 양성하는 게임의 규칙을 바꾸거나 차단하면 자전거는 멈추어 서고 넘어질 수 있는 것이다.

다음으로 성숙의 의미는 성장의 성과를 사회 구성원이 공평하게 공유하는 것이다. 자본주의 시장경제의 본질은 인간의 탐욕과 이기심이다. 경쟁이 성장의 수단이고, 경쟁의 결과 부의 왜곡이 필연적으로 발생한다. 이렇게 성장은 언제나 불평등을 수

반한다. 관건은 사회가 어느 정도의 불평등을 용인할 것인가가 될 것이다. 심각한 불평등은 사회를 분열시키고 경제의 활력을 떨어뜨려 결국은 쇠락의 길로 이끌고가기 때문이다.

아울러 기존의 GDP 성장 즉, 물적 성장뿐만 아니라 비물질적이고 눈에 보이지 않는 지식과 제도 그리고 공존까지 포함한다. 진정한 번영은 기존의 양적 성장에 더하여 새로운 지식을 얼마나 더 많이 창출하고 전파하며 보급하느냐에 달려있다. 사회 구성원들 간에 연대 의식과 유대감을 높이고 경제 외적 제도들이 얼마나 잘 작동하는지도 중요한 요소이다.

국민적 이야기(스토리텔링)를 만들어내는 것도 성숙으로 가는 길이다. 급속한 경제 변화 등 대가속의 시대에는 국민성에 대한 이해와 사회의 구성원을 하나로 묶어주는 의식과 사건에 대한 공통된 이야기가 번영을 유지하는 데 중요하다. 전통과 문화가 변화를 수용하면서 새로운 시스템을 구축해나가기 위해서는 구성원들의 결속력을 높여줄 신화와 이야기들의 발굴과 보급 그리고 확산에 나서야 한다. 신화나 이야기는 동질성과 안정감을 가져다주기 때문이다. 국가의 고유한 가치는 민간동화와 영웅들의 이야기 그리고 국난극복의 생생한 사례에서 배어나온다. 예를 들어 미국의 콜럼버스 기념일은 당시 선원들을 추모하는 행사가 아니라 용기와 모험 그리고 도전과 자신감 같은 덕목을 찬양하는 날이다. 2차 세계대전 당시 처칠의 덩케르크 철수작전 무용담을 들어본 적이 있는가? 민간의 고기잡이배까지 동원하여 군인들을 구출해냈다. 세계 전쟁사에서 최장기간 구출작전이었다. 영국과 아르헨티나의 포크랜드 전쟁 당시 왕세자가 첫 공습 때 공군 1호기를 타고 출격했다. 진정한 노블레스 오블리주이다.

이렇게 많은 사람들 가슴속에 영원히 살아 있는 일상의 이야기가 있는가! 우리의 신화나 이야기는 무엇인가? 한강의 기적인가? IMF 금 모으기인가? 2002년 월드컵 4강 신화인가? 세월호의 비극인가? 우리에겐 가슴 저리고 울림이 있는 감동의 이야기는 무엇인가? 단합된 하나로 이끌어주는 강렬한 이야기가 있는가? 프랑스는 자유, 평등, 박애라는 국가정신을 삼색 국기에 새겨놓았고 이스라엘 민족은 유월절 날 통곡의 벽에 기대어 과거를 울부짖고 반성한다. 밤새워 아이들에게 용기와 자신감과 애국심을 심어줄 이야기는 무엇인가. 지역과 계층과 세대에 관계없이 모든 국민이 같은 곳을 보게 하는 경험의 이야기는 무엇인가? 우리의 이야기는 어디에 있는가?

2

다시 만드는 대한민국
'우리'공동체

공동체란 스스로의 자유를 중시하면서 자율과 책임 그리고 배려와 존중의 정신을 가지고 공익에 기여하는 시민들로 구성되는 다수의 집단을 말한다. 이러한 공동체들이 서로 연결되고 상호작용하면서 사회의 구성과 운영의 근간이 된다.

따라서 건강한 공동체는 사람들이 서로 연결되어 있고 보호받고 존중받고 있다는 느낌을 만들어낸다. 다음은 공동체의 유용성에 대한 실증된 사례이다. 소위 로세토효과이다.

1961년 미국의 내과 의사였던 울프 박사는 펜실바니아주 북동부 로세토Roseto에 여름용 농장을 하나 마련했다. 며칠 후 그 지역에 사는 의사 한 사람과 술자리를 같이하게 되었는데, 우연히 재미있는 이야기 한 가지를 들었다. 옆 동네보다 로세토에서 심장병이 훨씬 덜 생기는 것 같다는 이야기였다. 그 당시 대학병원에 근무하던 연구자였던 울프는 바로 두 지역의 사망 자료를 구해서 분석을 시작했다. 7년간의 사망 통계를 내본 결과 그 지역 의사의 짐작대로 두 지역은 확연하게 달랐다. 바로 옆 동네는 미국 평균과 크게 다르지 않았다. 그러나 이탈리아 이주민들이 다수를 차지하는 가난한 동네인 로세토의 결과는 놀라웠다. 심장병 위험도가 높은 연령대인 55세에서 64세 사이에 심장병으로 사망한 비율이 영(0)에 가까웠던 것이다. 65세가 넘는 노인들의 심장병 사망률은 전국 평균의 절반도 되지 않았고, 전체 사망률 역시 3분의 1쯤 낮았다.

원인은 의학의 범위를 넘는 사회 그 자체에 있었다. 상호 존중과 협동을 기초로 하는 공동체가 사람들을 건강하게 하는 것으로 밝혀졌다. 이웃끼리 서로의 일상을 공유하고, 대소사를 함께 해주는 분위기가 정서적 안정감을 제공하고, 든든한 사회안전망을 형성했다. 또한 이 마을은 각종 범죄율도 현저히 낮아 이러한 '공동체문화'가 건강·의료 분야뿐만 아니라 계층 간 갈등, 치안 등 사회 전반의 문제 해결에 있어 주요한 동력으로 작용할 수도 있음을 보여준다.

이러한 과정에서 엄청난 신뢰가 생기고 서로를 신뢰할 때 그들은 주인의식을 가지게 된다. 건강한 공동체는 태풍의 눈과 같다고 생각한다. 에너지를 생성하고 역동적이지만 안정적이고 고요함이 있다. 하지만 태풍의 눈은 거대한 폭풍우를 만들고 함께 움직인다. 태풍의 눈이라는 공동체가 폭풍우 즉, 사회 변화의 커다란 동심원의 구심체가 되는 것이다. 이렇게 건강한 공동체는 생동감 있는 질서를 통해 상호 의존성이 커진다. 유대감과 명예, 책임감이 커지고 낯선 이들과 함께 어울려 지낼 수 있는 보이지 않는 연결고리를 공유하게 된다. 아울러 전쟁이나 경제적 재앙, 월드컵 등 공동의 위기나 관심 사항이 생길 때 집단의 우월감이 커진다. 공동체가 더 강화된다. 아울러 변화에 대한 적응력을 높인다.

세상의 진보는 비선형이고 나선형으로 진행된다. 예측이 어렵다. 특히 토머스 프리드먼이 이야기한 대시장과 대자연 그리고 무어의 법칙(메모리의 집적도가 2년마다 2배씩 증가한다) 등 세 가지 톱니바퀴가 맞물려 움직이는 대가속의 시대에는 사회의 변화를 가

늘하기 어렵다. 소용돌이치는 것이다. 사실 지금까지 우리는 전형적인 세계에 익숙해왔다. 거리와 시간 그리고 속도가 직선이고 눈에 보이기에 대응이 가능했다. 미리 준비를 할 수 있었다. 각자가 할 수 있는 일이 있었다. 그런데 사회가 지수 함수적으로 어느 날, 어느 순간 갑자기 변화한다. 번데기가 나비가 되는 시점이 찾아오는 것이다. 이렇게 되면 현재의 사회구조로는 변화의 속도를 따라갈 수 없게 되는 것이다. 더욱이 혼자서는 대응이 안 되기 때문에 다 함께 움직여야 하고 그렇지 않으면 사회 전체가 낭떠러지로 떨어질 수 있다. 급격한 변화에 적응력을 높이려면 지금까지와는 다른 사회 제도와 각종 수단을 새롭게 만들어야 한다.

그런데 국가가 번영할수록 사람들이 힘든 시기에 방어 역할을 했던 가족, 종교 등 전통적 보호막은 무너지고 개인주의가 부상하게 된다. 이러한 경향은 미국에서 '중요한 일을 터놓고 말할 사람이 없다'고 답한 사람의 비중이 20년간(1985~2004년) 10%에서 25%로 증가한 사실에서 알 수 있다. 능력이 중요시되고 각자의 야망이 우선시된다. 소수가 승리하고 나면 대다수가 실패할수밖에 없다. 이러한 구조가 보편화되면 사람들은 실업, 질병, 외로움 등 점차 부상하는 위험에 공동으로 대응해야만 생존할 수 있다는 것을 알게 된다. 아울러 대다수 사람들은 삶을 살아가면서 닥칠 수 있는 위험이 무엇인지 알게 된다. 공동체에 대한 국민적 관심이 생겨나는 것이다. 우리가 급속히 변화하는 사회에서 살아남기 위해서는 우리의 행복, 자존감, 자긍심 등을 다른 사람에게 의존할 수밖에 없다. 서로 마음을 나누는 사회에 살아가야 하기 때문이다.

정치 철학자 에드먼드 버크는 "우리가 속한 작은 집단을 사랑하는 것은 우리의 국가와 인류를 사랑하는 길로 나아가기 위한 연결고리 중 첫 번째 고리이고 일종의 배아"라고 했다. 작은 집단들의 신뢰와 네트워크는 시민들에게 공동체에 소속될 수 있는 기회를 제공했다. 아울러 자신과 다른 이들도 공동체에 소속될 수 있고 소속되어야 한다는 믿음이 생겨나게 했다. 사람들로 하여금 사회적 계약이 맺어져 있다고 느끼게 한 것이다. 신뢰는 가정에서 배아 되고 학교에서 육성되며 종교와 직장 등을 통해 확산된다. 아프리카인은 '아이 하나를 키우는 데 온 마을이 나서야 한다'고 했다. 강하게 결속된 가족과 건강한 공동체는 사람들에게 안정감을 준다. 이렇게 정체성과 각종 규범 그리고 역사에 대한 인식을 공유하면 신뢰가 높아진다. 신뢰가 강한 곳에서는 여러 비공식적인 계약을 통해 갈등이 조정되고 타협이 이루어진다.

반대로 신뢰가 약한 곳에서는 공식적인 법과 규범 안에서 해결하게 되는 강제성을 띈다. 거래비용이 높아지고 관용의 미덕이 약해진다. 지금 우리 사회에 고소, 고발 등 민·형사 사건이 OECD국가 중 가장 높은 수준에 속한다. 불과 몇 년 전만 해도 계약서 없이 돈을 빌려주던 시대는 사라졌다. 이제는 모든 게 법적 분쟁으로 해결한다. 세상이 단절되었다.

따라서 공동체의 형성에 미숙할 수밖에 없다. 평등을 추구하고 다른 이들과 함께 공존하며 서로를 인정하는 상호주의 같은 가치체계가 부족한 것이다. 서울대 사회발전연구소(2014년)에 따르면 OECD 33개국 중 공익성은 33위, 시민성은 31위로 꼴찌 수준을 기록했다.

하지만 우리도 한때 건강한 공동체로 생산성의 증가와 분배 그리고 경제활동에 유리하게 작용한 시절이 있었다. 발전국가 모델에 의해 국가가 성장하던 시기였다. 적어도 외환위기 이전까지는 그러하였다. 번영과 민주주의의 경험의 공유는 미래에

대한 낙관주의를 가져다주었고 더 높은 곳을 향한 선순환 과정
이었다. 우리 사회에서 마주 보는 바람이 아니라 등 뒤에서 부는
바람을 느꼈다. 활력이 넘쳤고 신뢰가 높았다. 이웃 간에 상부상
조하는 미덕과 인정이 있었다. 따스한 시절이었다. 어떻게 하면
예전처럼 돌아갈 수 있을까!

첫째, 지속적인 번영은 공적영역을 제대로 작동하도록 하고
통합의 정치를 가져온다는 사실을 명심해야 한다. 개인 상호간
에 서로 건너다닐 수 있는 다리를 놓고 그 숫자도 늘려나가야 한
다. '내 문제가 우리 문제'라는 의식이 커져야 한다.

둘째, 서로 다른 계층이 섞여서 살아가야 한다. 하지만 현실은
학교 교육(특목고, SKY 캐슬 등)과 야구장 스카이박스 그리고 백화
점 등에서 부유한 사람들과 가난한 사람들이 갈수록 더욱 많이
떨어져 살아간다. 건강한 공동체는 이웃 사이에서, 공립학교에
서 그리고 우리가 살고 있는 장소에서 강화된다는 사실을 인정
해야 한다.

셋째, 토론과 협업 등 새로운 학교 교육을 통해 상호 의존성을
높이고 신뢰를 키워야 한다. 공동체에서 서로 간에 하나로 묶어
주는 '다수의 하나'의 개념은 일찍부터 학교에서 다른 이들에 대

한 관용뿐만 아니라 존중과 신뢰를 통해 배양되기 때문이다. 국내에 영화로 소개되었던 〈위대한 개츠비〉의 마지막 대사의 첫 글자는 '우리'로 시작한다. "우리는 그렇게 물살을 거슬러 올라가는 배처럼 끊임없이 과거로 밀려나면서도 앞으로 나아간다. 그러니 모두 노를 저어라. 앞으로 나아가자."

3

대한민국 경제의 중심,
중산층을 살려라

　중산층은 나의 일이 곧 지역의 일이고 국가의 일이라는 관계를 이해하고 행동하는 사람이다. 사익보다는 공익을 우선시하는 윤리의식을 갖고 있다. 같은 시대에 살고 있는 사람과 함께 살아가고 있고 또 살아가야 한다는 분명한 목표의식을 갖고 있다. 자제와 양보 그리고 남에 대한 배려를 통해 공동체를 형성하고 이를 통해 사회와 국가 발전에 이바지하는 존재이다.

　중산층은 지속적인 국가의 번영과 사회의 발전을 견인하는 계층이다. 더 많은 국부를 창출하고 여론을 주도하면서 사회가 나아갈 방향을 제시한다. 삶의 목표로써 부와 신분을 가진 사람들이다. 따라서 두터운 중산층은 경제와 사회를 튼튼하게 지탱하는 허리 역할을 수행한다. 중원을 장악한 폭넓은 중산층은 사회의 온갖 분노와 좌절 그리고 분열을 흡수하는 강력한 완충지대 역할을 수행한다. 아울러 높은 시민의식을 통해 건전한 공동체를 유지하고 발전시키는 사람들이다. 개인적으로 결혼을 하고아이를 낳고 가족을 이루는 지극히 평범한 삶을 사는 사람들이다. 일상적 행복의 길을 스스로 실천하며 이러한 경험을 미래 세대에게 분명하게 보여주는 거울의 역할을 한다. 사회적으로 기울어진 운동장을 바로 세우는 일에 적극적으로 나서며 스스로기득권을 내려놓을 줄도 안다. 또한 게임의 규칙을 공정하게 지키며 이를 위반할 경우 누구도 예외 없이 처벌 받을 수 있음을아는 책임감 있는 계층이다. 사회의 진보를 향해 스스로 운명을걸고 도전해볼 수 있는 용기를 가진 사람들이기도 하다.

사실 과거 고도 성장 시대에는 부와 출세에 대한 기회가 열려있었다. 토지개혁과 교육 확대로 모두가 동일한 출발선에서 시작했고, 성공의 광장은 누구에게나 개방되었다. 각자의 노력과능력에 따라 성과로 나타났고 그에 상응하는 보상을 받았다. 하루가 다르게 팽창하는 사회는 개개인의 경제적 부를 증가시키고 교육의 힘은 신분상승을 견인했다. 대다수 국민들은 중산층의 대열에 동참했고 거대한 물결을 이루었다. 하지만 이제 계층상승의 기회의 문은 점차 좁아지고 있다. 이 모든 것이 외환위기 이후 저성장사회로 접어들면서 시작되었다. 게임의 규칙이 가진 자에게 유리하고 없는 자에게 더 불리하게 변경되었기 때문이다. 명목상 경제는 성장했지만 실질적인 개인의 삶은 더 팍팍해졌다.

금융위기로 이러한 불합리성이 더 가속화되었으며 최근 정치위기와 실물경제 붕괴로 상황은 더 악화되었다. 이런 경향으로 먼저, 중산층이 사라지고 있다. 과거에 비해 소득은 증가했지만 교육, 주택, 의료 등의 지출 증가로 실제적으로 가계소득이 감소하고 있다. 통계적으로 중산층으로 분류되지만 스스로가 중산층으로 인식하지 못한다. 30년 전 국민 75%가 자신이 중산층이라고 생각했으나 2018년 48%로 뚝 떨어진 사실에서 드러난다. 스스로 중산층이라고 생각하지 않는 것이다.

소득이 증가했지만 돈 쓸 곳이 너무 많고 돈의 가치가 떨어졌다. 갈수록 불평등의 격차가 확대되면서 가진 자에 비해서 상대적으로 가난하다. 계층 이동의 사다리가 끊어지면서 강남 신화의 꿈이 사라졌다. 자신감과 정체성이 무너지고 미래의 경제상황을 비관적으로 판단한다. 중산층을 향한 높은 기대 심리는 비현실적이 되었다. 노력해도 도달할 수 없는 이상이 되었다. 기본적으로 누려야 할 물질적 풍요는 줄어들고 심리적 안정감은 흔들리고 있다. 이는 미래의 성공에 대한 꿈과 희망의 상실로 나타난다.

사실 발전국가 시절의 주역이었던 베이비부머들은 식민지와 전쟁에도 불구하고 좁은 국토와 빈약한 천연자원 그리고 극심한 가난을 극복하고 산업화와 민주화를 단 두 세대 만에 이루었다. 기적의 길을 창조한 것이다. 하지만 이들이 자랑스럽게 생각하는 과거 성공의 경험은 자꾸만 기억에서 희미해져가고 있다. 한때 중산층으로서의 자부심도 있었지만 이제 이들은 자식도 챙겨야 하고 본인의 노후도 준비해야 하고 아직 살아계신 부모님도 돌보아야 한다.

이러한 성공의 이면에는 개인의 희생이 있다. 발전국가 시대에서 개인의 정체성은 외면될 수밖에 없었으며 성공을 꿈꾸지만 불안하며, 열정을 갖고 있지만 절망과 우울을 동시에 가지고 있다. 또 다른 모순사회이다. 이는 특색 없는 간판, 성냥갑 아파트,

다 같이 몰려다니는 여행지, 온 가족이 스마트폰에 열중하는 중독문화에 이 모든 정체성의 상실이 녹아 있다. 광범위하고 질긴 획일성의 문화 속에서 개인의 독창성의 존재는 그 어디에도 찾아보기 어렵다.

또 일부 베이비부머 세대, 특히 3040 세대의 박탈감이 더 크다. 88올림픽 때 태어나 모든 게 풍족한 어린 시절을 보냈다. 국가의 가난을 보지 못했으며 국가의 성공만 보고 자랐다. 이들이 경제 활동의 주축이 되었지만 저성장이 계속되면서 경기가 호황에서 불황으로 바뀌었고 가계부채가 늘어나고 자산이 줄어들고 신분 상승의 기회는 점점 더 좁아지고 있다. 그런데도 형편이 나아질 기미가 보이지 않는다. 갈수록 세대 간의 상대적 박탈감이 커지고 중산층의 책임과 의무라는 소명의식이 지속적으로 소멸되고 있다. N포 세대, 88만 원 세대, 수저계급론 등의 유행어에 우리 사회의 분노와 좌절의 자화상이 그려져 있다. 이러한 사회현상을 서울대 이재열 교수는 "이제 한국은 모든 것을 개인이 알아서 풀어야 하는 각자도생의 모래알사회"라고 했다.

4

강한 국가는 무엇을
가지고 있을까?

강한 국가는 국민의 풍족한 삶을 유지할 수 있는 부의 지속적 창출과 인류의 보편적 가치를 추구하는 사명감과 이를 실현하기 위한 고유의 문화와 전통 그리고 제도를 보유하고 있다. 아울러 우리의 역사, 지정학적 위치, 주변 환경을 고려한 미래 지향적 세계관을 가지고 있기도 하다. 아울러 경제가 작동하는 방식이 사람들의 기대와 실제 사이에 차이가 있다고 하더라도 지속적인 번영을 위해서는 성장이 답이라는 것을 굳게 믿고 있다. 우리만이 가지고 있는 약점이나 강점, 우리가 해결해야 할 갈등을 위기 극복의 변수로 받아들여 고차원적 연립 방정식을 풀어갈 수 있는 현명함이 있다. 정치, 종교, 언론, 교수 등 사회 지도층이 정치적 수사나 말의 향연으로 지금의 고난을 숨기는 것이 아니라 솔직히 드러내고 국민의 동의와 협조를 구하는 진정성이 있다. 미래를 향한 파도에 이미 자리를 잡은 사람이든 그렇지 못한 사람이든 같은 배를 타고 가는 동질성이 있다.

강한 국가는 먼저, 장기 국가 전략을 확보하고 있다. 국가의 운영에서 반드시 확보해야 하는 핵심 국가 이익과 절박한 당면 과제에 대해 리스트를 가지고 있으며 정권에 관계없이 고위 정책담당자가 이를 공유하고 계승해나간다. 이러한 국가 전략은 국가의 길이 가야 하는 기본방향이므로 몇몇 사람의 이상과 생각 그리고 판단에 따라 바뀔 수 있는 것이 아니며 몇 세대에 걸쳐 유지되고 발전되어야 하는 국가 운영의 근본가치이다. 따라서 만약 우리에게 일관성 있고 지속적인 장기 국가 전략이 없다면 이는 실패의 길로 갈 수밖에 없다. 장기 국가 전략에는 과거의 식민지와 전쟁 그리고 극심한 가난 등의 굴욕의 시대를 어떻게 기억하며 또 실패의 역사를 되풀이하지 않기 위해 무엇을 해야 하는지에 대한 고민이 들어 있다.

처절한 반성이 없는 역사의 기억은 전진하는 국가에 도움이 되지 않는다. 자칫하면 책임공방과 이념 노선에 따라 논쟁만 있고 분열만 생겨나기 때문이다. 예를 들어 식민지가 왜 일어났고 무엇이 문제인지와 같은 정확한 진단만이 악몽의 역사를 되풀이하지 않는 강고한 대비책이 될 것이기 때문이다. 미국의 철학자이자 평론가인 조지 산타야나는 "역사로부터 교훈을 얻는 데 실패한 자들만이 그 역사를 되풀이하는 벌을 받는 법이다"라고 했다. 최근 세계 패권을 두고 《펠로폰네소스 전쟁사》의 작가의 이름을 딴 투키디데스의 함정에 빠져들고 있는 지배세력인 미국과 신흥세력인 중국 사이에서 우리는 미국의 선택인가 중국의 외면인가 아니면 그 반대의 선택인가 우리의 선택지가 어디인가 중요한 기로에 와 있다. 배는 균형을 잡고 나아가야만 거친 풍랑을 헤쳐나갈 수 있다. 배가 뒤뚱뒤뚱하다 보면 언젠가 한쪽으로 쏠리게 되고 결국에는 침몰한다. 또 한때 한강의 기적이라는 성공의 비결은 무엇이며 부작용은 무엇인지 미래에는 어떻게 계승해갈 것인지에 대한 구체적 분석과 대안이 포함된다.

여기에는 높은 이상을 추구하되 냉혹한 현실을 다룰 줄 아는 역량 있는 인재를 어떻게 길러낼 것인가도 포함된다. 사실 로마는 하루아침에 만들어지지 않았다. 로마의 카이사르, 키케로 등

대부분의 지도층은 단계별로 체계적으로 그리고 지속적으로 인재를 양성한 결과이다. 이렇게 강한 국가는 예외 없이 남들이 따라오지 못하는 독특하면서도 뛰어난 인재 양성 시스템을 구축했다. 역사가 검증한 공통된 사례이다. 여기서 훈련된 인재들은 이론이 아니라 실제 경험을 중시했고 책상 위에서 계획을 세우는 것이 아니라 현장에서 발로 뛰면서 국가 전략을 생각해냈다.

다음으로 개방적 의사결정 시스템을 갖고 있다. 러시아의 경제학자 포포브는 "국가의 경제 성장에서 가장 큰 변화를 일으키는 요소는 개혁의 속도가 아니라 의사결정 과정의 힘이다"라고 했다. 즉 절차와 권위 그리고 국민적 동의 등이 될 것이다. 예를 들어 중남미국가에서 민주주의 체제는 일찍 도입했지만 여전히 서유럽국가보다 가난한 것은 경제 성장을 위한 제도와 사회 갈등을 해소할 수 있는 시스템을 구축하는 의사 결정의 힘이 미약하기 때문이다. 그리고 여전히 많은 나라가 진정한 국가이익의 방향으로 행동하지 못하는 이유는 국가정책을 일관된 관점이 아니라 협소한 이해관계에 따라 의사가 결정되는 분열의 구조를 가지고 있기 때문이다. 따라서 객관적이고 신뢰할 수 있는 의사결정의 시스템화가 중요하다. 이는 사람이 아니라 법과 제도에 의해 결정되는 구조를 말한다.

이렇게 결정된 정책은 단호해야 한다. 비록 모든 사람에게 환영받지 못하더라도 거시적으로 이득을 보는 사람이 더 많은 쪽으로 선택하는 실력과 용기가 필요하다. 또 당장은 대다수가 고마워하지 않는 외로운 결정임에도 미래의 발전을 위한 정당한 선택이라면 사회 구성원들의 박수를 기대하는 자신감을 가지고 있어야 한다.

이러한 의사결정 구조하에서 기본적으로 국가의 일과 시장의 일을 구분하는 것은 중요하다. 많은 시간이 걸리더라도 치열하게 논쟁해야 하는 이유이다. 원칙적으로 정부의 역할은 좋은 의도를 가지고 위험을 떠안으며 선도적 역할을 수행해야 하는 분야로 국한될 것이다. 물과 식량의 확보 그리고 에너지와 국가 안보 이슈 등이 될 것이다. 또한 리스크가 큰 도전적 신기술과 혁신 그리고 새로운 서비스에 대한 선제적 투자가 될 것이다. 가령 복지의 경우 복지 확대를 위해 자유민주주의에서 자유 대신 사회를 대체하려는 유혹이 갈수록 커지고 있지만 이는 재원, 제도 개선 등을 통해 실현할 수 있다는 의지를 갖고 있다. 보수든 진보든 복지를 반대하는 사람은 없기 때문이다.

마지막으로 가치를 지향하는 사회이다. 20세기 자본주의는 규모와 범위의 경제와 집중화, 전문화 등의 방식으로 성장해왔다. 하지만 21세기에는 네트워크와 상호연결 그리고 공유 등의 새로운 개념이 기존의 방식을 대체하거나 전환하면서 변화해가는 추세이다. 따라서 상품(서비스)은 관계와 연결로, 소유는 경험과 공유에 기반을 두는 상호의존형 경제체제로 바뀌어 가고 있다. 즉, 미래에는 양보다 질, 물질보다는 지식의 중요성이 더 커지고 있는 것이다. 지식이 개방되면서 전문 지식의 평준화가 빠르게 진전된다.

과거에는 경쟁의 원칙에 의해 부가 더 높은 곳의 더 좁은 곳으로 집중되는 경향이 있었다. 미래에는 공감의 확대에 의해 더 낮은 곳의 더 넓은 곳으로 분산될 것이다. 사람들의 생각도 경쟁 시대의 삶의 목적과 수단이 공감시대에는 삶의 의미와 가치에 더 주안점을 두는 방향으로 바뀌고 있다.

자유주의에 의한 자본주의는 경쟁을 원칙으로 한다. 불평등이 필연적으로 발생할 수밖에 없고 이는 자본주의의 시스템적 한계이다. 이러한 약점은 역사적으로 수없이 바다의 빙산같이 수면 위로 표면화되었다. 자본주의에 대한 회의론이 들불처럼 번지기도 했으나 민주주의가 평등이라는 수단으로 보완해오고 있다. 문제는 어느 정도까지의 평등이 합리적인가이다. 이에 대한 해답은 세계적인 석학 존 롤스의 《정의론》에 잘 나타나 있다. 그는 "모든 사람은 서로 다른 환경과 능력을 갖고 태어난다. 각자의 노력에 따라 기여한 바가 차이가 있으므로 똑같이 분배하는 것보다는 차별적으로 분배하는 것이 더 정의롭다. 공평한 기회와 민주주의적 평등이 지켜지면 균등한 분배가 아니어도 '정의'롭다"고 했다.

5

뿌리 깊은
국가정신을 만들자

　근대 초기 구체제를 해체하고 새로운 국가를 건설하기 위해 박정희정부는 조국 근대화를 최고의 국정목표로 내세웠다. 이를 달성하기 위한 근면, 자조, 협동의 정신은 통치이념이 되었고, 지배언어가 되었다. 위로부터 소수에 의해 가공된 가치였고 아래로 강요되었다. 안보와 가난은 주조된 가치를 정당화하였고 국민들은 경제 성장과 더 나은 미래에 대한 약속으로 보답받았다. 저항보다는 순응했다. 국가의 목표가 설정된 후 가치가 만들어졌다. 프랑스는 대혁명 당시 왕과 왕비 그리고 귀족 등 150여 명을 콩코드광장에서 단두대로 처형했다. 피의 역사를 통해 자유,

평등, 박애라는 국가정신이 세워졌다. 강원택은 조선일보 칼럼 (2018.10)에서 프랑스혁명이 '혁명적'인 것은 루이 16세와 마리 앙투아네트를 처형했기 때문만이 아니라 이러한 국가정신 속에서 구체제(앙시앵 레짐)를 청산하고 새로운 정치 질서와 국가 시스템을 만들어 냈기 때문이다. 과거에 머무르지 않고 미래 지향적이기에 진정한 혁명이라는 것이라고 했다.

삼색기로 표현되는 각각의 상징은 다른 색깔로 그려 놓았고 국기 안에서 하나가 되었다. 전통과 역사 속에 톨레랑스(관용과 배려)와 다양성의 정신이 이어져오고 있다. 모든 국가 시스템과 제도의 운영이 국가정신을 실현하기 위한 조직으로 구성된다. 국가정신이 제도의 어머니임이 판명되었다.

제프 멀건은《메뚜기와 꿀벌》에서 아이슬란드가 새로운 정신을 확립해가는 과정을 이야기 했다. 2008년 금융위기 이전에 아이슬란드는 생산성의 모범국가였으며, 세계은행에서 발표한 경쟁력 있는 정부 2위에 오르기도 했고, 유엔 인간개발지수에서 상위에 있었다. 그러나 금융부문에서 공격적인 확장과 약탈적인 행위로 호황을 누리다가 2008년에 주요 은행들이 모두 파산했고 국가 채무가 GDP의 10배가 되었으며 국민의 거의 절반이 파산했다. 금융위기 이후 냄비혁명이 일어났고 시민, 장관, 의원, 노조, 언론 등이 광장에서, 거리에서 수많은 만남과 토론을 통해 국가의 새 비전을 마련하고 아이슬란드가 어떤 종류의 사회가 될 것인지를 상상가능하게 하였다. 고결성integrity이 아이슬란드 사회가 지향해야 할 가장 중요한 가치로 제시되었고, 이와 더불어 동등한 권리, 존중, 정의와 같은 가치가 중요하다는 데 합의가 빠르게 이루어졌다. 아이슬란드의 새로운 우선순위(정직, 평등, 사랑)가 만들어졌다. 일종의 국가정신이 탄생한 것이다. 위기를 기회로 새로운 도약의 기틀을 마련한 전형적인 모델이다. 최근의 아이슬란드의 발전된 모습을 보고 싶으면 인터넷에 한번 들어가 보길 권한다. 상전벽해桑田碧海라는 단어는 이럴 때 사용된다. 바뀌지 않은 것이 하나도 없을 정도로 바뀌었다. 세상의 진보를 위해 위기가 기회를 제공했다.

우리 사회에서 근대화와 산업화 그리고 민주화 이후 국가정신은 무엇이며 어디에 있는가! 우리는 6·10민주항쟁(1987년), IMF 외환위기, 세계적 금융위기, 촛불혁명(2016년) 10년 주기 위기론이 사실로 판명되고 있지만 아직까지 뚜렷하고 분명한 국가정신을 만들어내지 못했다. 위기에 정면으로 부딪히지 못했고 그저

빨리 지나가기만 기다렸다. 무책임하고 비겁했다. 위기가 한 단계 더 도약하는 생산적 위기가 되지 못했고 봉합하기에 급급했고 결국 위기가 상존하고 있다. 이 과정에서 다수의 중산층이 하층민으로 추락했고 공동체의 신뢰는 무너졌다. 분열주의가 확대되었고 양극단으로 더 찢어졌다. '나 혼자 살아남기'가 처세술의 유행처럼 퍼졌다. 국가적 우선순위를 다시 세우는 과정이 생략된 것이다. 권력의 이양만 있었고 지도자만 바뀌었을 뿐이다. 국가정신이 없으니 제도는 그대로 그 자리에 남았다. 발전국가 시대의 가치와 현재의 주류가치 그리고 미래의 가치가 충돌하고 혼재하면서 누구나 갈망하는 그 무엇이 허공에 떠돌고 있다. 그나마 명맥만 유지해오던 조선의 선비정신도 식민지와 전쟁을 겪으면서 헌책방의 고전이 되었다.

그렇다면 무엇을 준비해야 하는가? 시민성 있는 국민 시대의 새로운 국가정신이다. 어느 국가나 조직 그리고 개인이든 항구적으로 나아가야 할 방향성이 있어야 한다. 그래야 목표가 정립되고 수단이 강구된다. 국가정신은 밤하늘의 북극성이요, 망망대해의 등대 같은 것이다. 국가정신은 위기를 당하고 사회가 무너지고 고난이 닥쳐와도 다시 일어설 수 있는 꿈과 희망을 가져다준다. 계속 전진할 수 있는 힘이 생긴다. 우리에겐 이것이 없다. 지금 우리는 어디로 가고 있는가! 자살률, 노인 빈곤율 등 사회의 부정적 지수는 무엇이든지 세계 최고 수준이다. 아노미 현상이 독버섯처럼 곳곳에 퍼지고 있다. 아무리 어렵고 힘들어도 국가정신이 있는 민족은 번영했고 살아남았다. 역사와 경험이 주는 교훈이다. 2000년간 세계를 떠돌던 이스라엘 민족이 다시 부활한 것은 하나의 사례에 불과하다. 시온주의는 일종의 국가 정신이 되었다.

국가정신을 어떻게 어디서부터 세워야 하는가! 정치권이 동조하고 논의의 장을 만들어 가야 한다. 헌법 전문에 명문화하자. 새로운 가치 즉 식민지와 전쟁 등 과거에 대한 통렬한 반성과 국민적 통합과 번영의 미래로 전진하기 위한 국가정신을 그려넣자. 비록 지구의 마지막 날이 온다고 하더라도 국가정신을 가진 국가는 운명의 그날까지 생존할 것이기 때문이다.

6

정치적 편향!
이제는 정말 끝내야 해!

정치인에게 신념은 미덕이라는 말이 있지만, 지나친 정치적 신념 또는 도덕적 확신은 국가를 위험에 빠뜨릴 수 있다는 말도 있다. 우리의 정치사에도 자기 신념의 종교화로 국가를 혼란과 절망으로 끌고 간 지도자가 적지 않았으며 지금도 그런 정치인이 즐비하다.

아울러 막스 베버는 《직업으로서의 정치》에서 정치인의 자질로서 소명의식과 균형감각 그리고 책임의식을 강조하면서 정의로운 행동과 책임 있는 행동 간에는 심연深淵같은 차이가 있음을 말했다. 또한 신념에 집착하는 정치인은 선이 악을 낳을 수 있음을 인식 못하는 정치적 유아에 불과하다고 했다. 다시 말해, 새는 양 날개로 난다는 단순한 진리를 깨우치지 못하는 사람이라고 할 수 있다.

저자도 국회의원을 하면서 극한의 대립 속에서 신념의 편향성을 직접 경험했다. 여야는 서로 상대방을 피해자와 가해자의 이분법으로 나누어 자기편이 하는 것은 무조건 옳은 것이고, 상대가 하는 것은 무조건 나쁜 것이 되어 버렸다. 이렇듯 현실은 이념을 우선시하는 정치인이 다수이다.

아울러 민주주의라는 정치 제도는 얼마든지 운영 방식에 따라 파괴될 수도 있고 후퇴할 수도 있다는 것을 알게 되었다. 다수결 원리라는 선거 제도가 민주주의를 위협할 수 있으며 독재화 경향으로 끌고 갈 수도 있다는 것을 알게 되었다. 현행 강력한 대통령 중심제에서 국회의원은 헌법기관으로서의 소임보다는 청와대의 의지와 정책에 조종당할 수밖에 없고, 대통령의 선거와 국회의원의 선거가 2년마다 반복되는 상황에서 (예를 들면 2022년에 당선된 대통령은 2024년 국회의원선거에 개입할 수 있다) 국회의원의 공천권은 대통령에 있다고 해도 과언이 아닐 정도로 대통령의 권력이 막강하다.

물론 개헌을 통해 대통령선거와 국회의원 선거를 동시에 실시할 수도 있지만 현실성이 높지 않다. 결국 선거에서 국민이 심판할 수밖에 없는데 기존 방임적 태도에서는 민주주의를 지킬 수 없으므로 무엇보다도 국민들이 자신들의 대리인인 국회의원을 선출하는 데 명확한 안목을 키워야 한다는 것이다. "국민의 수준이 국회의 수준"이라는 말이 있듯이 정치가 바뀌려면 국민들이 올바른 판단과 실력을 키워야만 가능하다. 아울러 국민의 높은 수준은 민주주의를 감시하기 위해서도 필요하다. 일례로 민주주의의 퇴행은 현행 제도 내에서 마치 합법적으로 이루어지는 것처럼 위장하기 때문에 국민들이 눈치를 채기도 어렵다. 예를 들면, 사법부의 판사를 특정 성향의 판사로 대체하고 헌법재판관을 특정 성향을 지닌 인물로 채우고 검찰을 장악하는 방식이다. 이는 대통령의 고유한 통치행위이기 때문에 여론화하기도 어렵고, 특히 언론이 동조하거나 야당이 무기력할 때 이러한 경향은 가속화된다. 결국 민주주의는 국민의 힘으로 제어할 수밖에 없게 된다. 우리보다 훨씬 먼저 민주주의를 도입하고 번영했던 남미(칠레, 아르헨티나 등)의 몰락 과정은 먼저 포퓰리즘적 지도자가 사법부, 행정부의 장악을 합법적인 것으로 가장했기 때문에 국민들이 알기 어려웠고, 세월이 흐른 뒤 국가경제구조가 되돌릴 수 없는 파탄상태에 이르게 되었다. 작금의 남미의 비극은 불과 몇 십 년 사이에 민주주의가 파괴된 생생한 사례이다.

저자가 정치를 하려고 한 이유도 되돌아보면 성장 중심의 사고에서만 출발했다고 할 수 있다. 저자는 정치가 세상을 바꾸는 가장 빠르고 효율적인 수단이라고 생각했다. 국가를 위해 관료도 역할이 있지만, 영역의 한계성이 있다. 국회의원은 법률 제정권과 예산 통제권을 통해 주어진 영역을 벗어나서 일할 수 있는 것이다. 이런 성장과 효율을 앞세운 생각은 있었지만 앞뒤를 두루두루 살펴야 하는 정치적 균형감은 부족했다. 즉, 훌륭한 정치인이 되려면 서울에서 부산까지 가는 길을 경부고속도로만 잘 알아야 되는 것이 아니라 중부고속도로, 서해안고속도로도 잘 알아야 하는 것이다. 정치인이 되기 전에 이미 폭넓은 지식과 세상을 보는 관점 그리고 철학이 정립되어야 하는 것이다. 세상을 바꾸는 정치인은 링 위에 올라와 있는 선수이며 프로여야 한다. 아마추어에게 세상을 맡길 수는 없다.

아울러 저자는 2014년 4월 16일 발생한 세월호 사건 당시 300명의 어린 자식을 수장시키면서도 아무런 조치를 못한 국가운영

시스템에 대한 뼈저린 회의감이 있었다. 여기에 국회의원, 고위 공직자 등 누구도 역사적 책임을 지지 않는 현실을 보면서 저자 자신이라도 국회의원 자진사퇴를 하려고 생각했지만 주저하면서 끝내 결행하지 못한 자괴감이 있었다.

그리고 헌법에 보장된 엄연한 삼권분립 제도하에서도 백주 대낮에 배신의 정치로 낙인 찍어 국회 원내대표를 쫓아내고자 하는 대통령 중심의 정치적 의사결정 시스템에 늘 불만이었기에 밤낮으로 정치적 방황을 하게 되었다. 이러한 상황 속에서 2016년 20대 총선을 앞두고 당시 권력실세들의 정치적 기획으로 여자문제가 언론에 마녀사냥식으로 부각되었으나 무혐의로 종결되었다. 그러나 이것으로 끝내지 않고 정치적 목줄을 끊기 위해 또 다시 정치후원금 등을 문제 삼아, 상당 기간 인고의 세월을 보냈다. 모든 것이 정치적 방황에서 온 나의 과실이었지만 한 번의 실수로 나의 인생 그리고 정치적 생명은 끝이 났다. "왕관을 쓰려는 자 그 무게를 견뎌라"라는 말을 잊어버린 것이다. 협소한 정치 편향성의 대가는 혹독한 것이 되었다.

【 뛰어오는 흰색 코끼리를 막아라

　정치인 스스로가 돈은 많이 들였지만 결국 쓸모없는 흰색 코끼리가 더 이상 사방에 돌아다니지 않도록 절제를 해야 한다. 흰색 코끼리는 외관은 화려하나 쓸모가 없는 무용지물을 의미하는 단어다. 즉 불필요한 공항, 옥상옥의 정부조직 등 국가의 이익보다는 개인의 재선 성공이나 정치적 논리로 만들어진 허상이다. 국민들이 주머니에서 반드시 비싼 대가를 지불해야 하는 참 나쁜 것들이다.

　저자가 청와대에 근무할 때 구미시에서 금오공대의 옛 부지 매입을 추진하고 있었는데 잘되지 않아서 도와달라고 요청이 왔다. 저자는 금오공대를 연구단지로 전환하면, 구미의 약점인 생산도시의 한계를 극복할 수 있을 것으로 판단하고, 당시 재경부 국유재산과와 협의하여 구미시가 매입하게 되었다. 건물전체를 리모델링하여 국책 프로젝트를 유치한다면 구미의 미래먹거리를 창출하는 핵심시설이 될 수 있을 것으로 판단했다. 이후 2009년부터 매년 전자의료기기 등 국가 R&D 연구시설이 ㄷ자 형태의 건물에 채워지기 시작했고, 저자가 국회의원을 할 때에도 계속하여 진행하였다. 그러면서 금오공대 옛 운동장은 연구시설이 전부 채워진 후에 컨트롤타워 역할을 수행하는 국책 프로젝트를 유치하고자 남겨둔 부지였다.

그런데 2014년 어느 날 언론에서 금오공대 옛 부지에 경찰서가 들어선다고 보도했다. 연구단지에 경찰서가 들어오는 것은 시너지가 발생될 수 없는 행정조치였다. 당시 시장에게 양지공원으로 이전을 재검토하도록 강력히 요청하였으나, 이미 국유재산심의위원회에서 결정된 사항이라 되돌릴 수 없었다. 지역 정치인이 재선을 위하여 자기 지역구에 경찰서를 유치해버린 것이었다. 당시 금오공대 총장과 교수들은 마치 저자가 주도적으로 경찰서를 이전한 것으로 지금도 오해하고 있다. 분명히 밝히지만 금오공대 옛 운동장은 연구 단지를 완성하는 일종의 화룡정점이다. 지금 연구단지에 경찰서가 같이 존재하면서 시너지도 발생하지 않고, 연구단지의 모습도 훼손되고 있다. 이같이 정치인이 국가나 지역의 미래를 생각하지 않고 자기의 재선만을 위하는 흰색 코끼리가 아직도 우리 주변을 배회하고 있다.

어느 나라든 중진국에서 선진국에 이르는 데는 많은 함정이
있다. 그중에서도 가장 넘기 어려운 함정은 선진국 바로
문턱에 도사리고 있는 '국민의식 전환'이라는 함정이다.
이 함정은 후진국이나 중진국 때의 그 의식으로는
절대 넘지 못한다. 대다수 나라들은 이 함정에 빠져서
선진국 바로 문 앞에서 주저앉고 말았다.

– 노벨경제학상 수상자 사이먼 쿠즈네츠 교수 –

제 4 부

원 팀이 되면
못 할 것이 없다

저출산과 불평등 그리고 일자리 등의 대재앙은 이미 우리 주변 깊숙이 들어와 있으며 여기에 4차 산업혁명 등 대가속의 변화는 우리를 폭풍같은 혼란으로 몰아넣고 있다. 모든 문제의 핵심인 대입시험 제도 개편은 어느 누구도 먼저 시작을 하려고 하지 않는다. 이렇듯 우리에게 다가오는 위기는 지금까지의 대처방법으로는 극복하기 어렵다. 그런데도 우리는 아직도 관성의 늪에서 헤어나지 못하고 있다. 정치인은 재선준비에 바쁘고, 교수 등 전문가는 기득권 지키기에 급급하고, 공무원 등 관료집단은 통치권의 이념을 충실히 집행하고 있을 뿐이다. 더욱이 언론은 상위 1%의 움직임에만 관심이 있으며 하위 20%의 고통에 대해서는 주목하지 않고 있다. 따라서 이제는 국민이 나서야 할 때이다.

국민의 힘으로 이 모든 것을 바꿀 수 있으며 또 그렇게 해야한다. 역사상 진정한 변화는 위에서 아래로 일어난 적이 없으며 언제나 아래에서 위로 일어났기 때문이다. 다행히 시대가 바뀌고 있다. 디지털혁명으로 각자가 단일 네트워크로 연결되고 있으며 조그만 점이 모여서 하나의 면이 되고, 점차 거대한 구심체가 되듯이 국민이 국정의 중심축으로 부상할 수 있게 되었다. 우리가 미래의 거대한 도전에 맞서기 위해서는 우리 주변의 사람들이 마주치는 문제에 대해 관심을 가져야 한다. 그렇게 해야 현실성 있는 정책을 개발할 수 있으며 실현가능성을 높일 수 있기 때문이다. 모두가 함께하는 국민이 문제해결의 주체로 나서야 하는 이유이기도 하다.

우리는 한강의 기적을 이룬 저력을 가지고 있으며 세계 최빈국에서 세계 10대 경제대국으로 성장해온 경험이 있다. 미래의 위기를 기회로 바꿀 수 있는 특유의 긍정적 한민족 DNA를 갖고 있다. 따라서 국민의 힘은 스스로가 추구하는 가치와 시대를 읽는 역량 그리고 공동체를 향한 결집력 등 유무형의 가용자원을 얼마나 많이 가지고 있느냐에 따라 결정된다. 즉, 국민의 힘은 국민의 높은 의식 수준과 올바른 인식능력 그리고 정당한 행동주의에 의해 완성된다.

모든 국민이
깨어 있는 그날까지

먼저 국민의 높은 의식 수준은 사회를 변화시키는 근원적 추동력이다. 이러한 의식 수준은 사회 구성원 각자가 분명한 직관을 가지며 수준 높은 상식을 습득하고 안정적인 균형감각을 유지하는 경우에 가능한 일이다. 여기서 직관이란 당시에는 분명하지 않더라고 나중에 옳다고 판명되는 것을 내다볼 수 있는 역량을 말한다. 명확하게 설명하기는 어렵지만 감각적으로 본질적인 것을 포착하고 비본질적인 것을 버릴 수 있는 능력이다. 이러한 직관은 무수한 고민과 반복적인 경험 그리고 끝없는 생각의 결과물이다. 미리 앞날을 내다볼 수 있는 일종의 동물적 본능이다. 직관은 새로운 변화의 방향이 어디인지, 지속적인 번영을 위해 기존의 시대를 뛰어넘는 더 높은 차원의 국가능력은 무엇이며 또 구체적으로 무엇을 준비해야 하는지를 내다본다. 철저하게 이상주의를 배격하고 현실적 실천 대안을 모색해나간다. 다음으로 수준 높은 상식은 믿어야 할 진실과 믿지 말아야 할 거짓을 구별해준다. 틀린 것과 다른 것을 분별할 줄 아는 능력이다. 지식은 상식과는 다르다.

상식은 다수가 지지하는 보편성에 의지한다. 상식을 적절히 경계하지 않으면 부작용이 생겨날 수도 있다. 일례로 잘못된 상식을 가진 대중이 모이면 군중심리가 생긴다. 정치적으로 열광하게 되고 자칫하면 거짓이 진실로 둔갑하게 된다. 개인의 생각과 감정이 집단적 영혼을 가지게 되고 단일대오를 형성하게 된다. 따라서 이들은 같은 정서를 공유하고 행동을 통일한다. 때로는 군중의 단순함은 수많은 무고한 사람을 죄인으로 만들기도 하고 천하에 나쁜 사람으로 매장시키기도 한다.

또한 군중심리가 주류정치 집단과 이해관계가 일치하는 경우, 과거의 역사적 명백한 사실조차도 그들만의 선별적 창을 통해 보게 되는 위험성이 있다. 보고 싶은 것만 보고 그 이외의 것은 전부 쓸데없는 것으로 치부해버린다. 더욱이 군중심리를 집단지성이라는 고차원의 용어로 포장해버린다. 이렇듯 무분별한 군중심리는 올바른 관념과 합리적 여론형성을 방해하여 건전한 공동체 윤리를 파괴하기도 한다. 수준 높은 상식은 감정적 비난이 아니라 이성적 비판을 한다. 사실 무책임한 비난은 아무것도 바꾸지 못한다. 탈무드에 따르면 비난은 세 사람 즉, 비난을 하는 사람과 비난을 듣는 사람 그리고 비난의 당사자를 죽인다. 반면에 건전한 비판은 비정상적인 특권과 과도한 지대추구 그리고 불공평한 제도를 타파할 수 있는 철저한 논리와 명분을 제공한다. 따라서 수준 높은 상식은 원인을 찾고 분석을 한다. 예를 들면 젊은이들이 연애를 기피하고 결혼을 하지 않으며 아이를 낳지 않는 것은 그럴 수밖에 없는 삶의 환경이 큰 원인이지 결코 출산장려금이 부족해서가 아님을 안다. 국가가 출산을 소유로 여기고 인센티브로 해결하고자 하는 경우 실패할 수밖에 없음을 안다.

마지막으로 균형감각은 냉철한 현실인식을 바탕으로 어느 한쪽으로 치우치지 않는 보편적 합리성을 말한다. 균형감각은 무상주의를 경계한다. 노동의 대가가 자신의 능력과 노력에 따른 정당한 보상이면 만족하고 이를 받아들인다. 노동은 볼테르가 이야기한 세 가지 사회악 즉, 나태, 범죄, 빈곤을 억제한다. 따라서 현금 살포가 얼마나 나쁜 정책인지 분명하게 알고 이를 저지한다. 최근 복지라는 미명하에 국가가 국민의 주머니에 넣어주는 현금의 종류가 점차 많아지고 금액도 커지고 있다. 문제는 재원이다. 비정상적으로 높은 국민의 세금은 사회의 역동성을 떨어뜨리고 신성한 노동윤리를 파괴한다. 자유민주주의에서 사회주의가 응달진 구석에 독버섯처럼 기생할 수 있는 위협요인이다. 이렇게 일종의 헬리콥터식 현금은 국민의 자립정신과 책임의식 그리고 자유의지를 훼손한다. 아울러 사람들로 하여금 점차 더 많은 돈을 요구하는 중독현상에 빠져들게 할 수 있다. 하이에크가 말한 '노예의 길'로 데리고 간다.

균형감각은 편법주의도 제거한다. 교육에 있어서 겉으로는 평준화를 외치면서 속으로는 자녀를 특목고에 진학을 시키거나 외국 유학을 보내는 등의 이중적 행태에 분개한다. 아울러 주택을 재산증식의 수단으로 삼아 여기저기 수십 번의 위장전입을 당연시하는 관행을 반드시 심판한다. 아울러 직관과 수준 높은 상식 그리고 안정적인 균형감각을 통해 추상적인 이념이나 선동적 구호 그리고 악의에 찬 선전에 현혹됨을 피한다. 객관적 사실을 확인하고 주관적으로 판단하여 설득력 있는 주장을 펼친다. 구체적으로 경제와 정치에서 무엇이 문제인지 사실관계를 확인하고 신뢰성이 높은 자료를 수집하며 국가의 미래를 위해 어떠한 방향이 옳은 길인지에 대해 의견을 제시하고 이를 관철하기 위해 누구와도 논쟁하기를 꺼려하지 않는다.

2

국민과 국가가
함께 걷는 평화의 길

다음으로 국민의 힘은 정확한 인식능력에서 온다. 먼저 사회의 일부분으로서 경제와 정치가 존재함을 인식한다. 즉 경제정책과 제도는 정치 과정의 결과이며 경제와 정치는 분리될 수 없고 상호작용을 통해 사회 변화에 영향을 미친다는 것을 알고 있어야 한다. 특히 시장은 경쟁과 욕망에 의해 작동되며 이에 대한 반작용으로 불가피하게 불평등이 발생한다. 시장경제의 기본 원칙이다.

경제정책의 길을 잘못 선택하는 경우 회복이 어렵다. 따라서 단추를 잘못 끼웠다면 더 늦기 전에 처음부터 다시 시작해야 한다. 예를 들면 성장과 분배는 엄연히 다르다. 소득주도는 일종의 분배정책이며 이를 성장정책으로 간판을 바꿔달고 화려한 수사로 포장을 해도 본질은 변하지 않는다. 이는 링컨 대통령의 비유에 잘 나타나 있다. 아무리 말 꼬리를 말 다리라고 외쳐도 말 꼬리가 말 다리가 될 수 없다. 말 다리가 네 개인 사실은 변하지 않는다.

다음으로 국가가 공정과 정의 같은 가치를 실현하기 위하여 시장에 과도하게 개입하는 것은 국가의 역할을 훼손할 수 있다. 사실 강한 국가란 국가의 역량이 강한 국가를 의미하며 국가가 이것저것 개입하려고 정부기능을 확대하는 것을 의미하지 않는다. 국가가 해야 할 일과 하지 말아야 하는 일을 구분해야 하는 이유이다. 정책의 실패는 의지의 문제가 아니라 애초에 하지 말아야 할 일을 함으로써 발생하는 경우가 많기 때문이다. 과거 권의주의 정부 당시 토지초과 이득세의 위헌결정이 대표적인 경우이다.

시장에서 발생하는 불평등을 제거하기 위한 국가개입의 규모와 범위 그리고 시기는 정치의 영역이다. 따라서 정치가 이 과정에서 발생하는 불가피한 갈등을 타협을 통해 조정하고 다수의 합의를 통해 선택을 한다. 하지만 '다수의 합의라는 것이 반드시 정의'라는 믿음은 위험하다. 아테네의 다수는 소크라테스를 죽음으로 몰아넣었다. 이는 분명한 다수의 횡포이며 치명적인 문제다. 이렇게 국민의 힘으로 나타나는 정치적 개혁은 사람의 의식과 행동양식을 바꾸고 그렇게 되도록 법과 제도를 개정하는 것이다. 이 과정에서 민주주의는 정치적 결정에 이르는 어떤 절차를 말하는 것이며 그 자체가 목표가 아님을 안다.

결국 지속적인 번영국가는 사회 구성원들의 의도적인 노력을 통해 만들어지는 것이지 결코 자연스럽게 다가오는 것이 아님을 안다. 당시에 아무리 훌륭한 제도도 시간이 흐르면 변하기 마련이다. 따라서 움직이는 거울같이 종잡을 수 없는 현실적 어려움도 언젠가 제자리에 세울 수 있다는 자신감이 필요하다. 더 나아가 국가의 경제 시스템은 원칙적으로 시장이 주도하고 국가가 이를 지원하며 정치가 국민의 폭넓은 합의를 바탕으로 시장과 국가에 지지를 보내면서 운영되고 있다는 것을 안다. 자본주의가 발전하고 유지해오고 있는 근본 원리이며 향후에도 그럴 것이라고 믿는다. 이러한 인식하에서 경제의 운용 원칙을 이해하는 것이다. 첫째, 국가가 번영하려면 경제의 파이를 더 키워야 한다. 이를 위해 미래에는 자본이나 노동의 투입보다는 경제 성장을 위해 생산성을 더 향상시켜야 한다. 기술혁신, 노사관계, 일하는 방식, 경영효율성, 사회적 거래비용과 제도 등의 개선이 포함된다.

이중에서 생산성 증가는 경제적 동기 즉, 이기심이 작동하도록 시장경제 시스템을 구축하고 경쟁이 촉진될 수 있도록 정당한 보상이 이루어지도록 한다. 일종의 보이지 않는 손의 역할이다. 아울러 도덕적 감성, 즉 이타심이 작동하도록 공동체 의식을 함양하고 경쟁에서 뒤처진 자를 위한 사회 안전망을 구축한다. 또 다른 보이지 않는 손의 역할이다.

이러한 1인당 소득의 증가 즉, 생산성 증가는 국민 자체에 투자하는 것과 관련 되어 있다. 이는 장기간에 걸쳐 국민 대다수의 생활수준을 높일 수 있다. 국민을 서로 연결하고 세계와 교류하게 만드는 통신, 교통, 교육 등의 투자가 이에 해당된다. 이에 따라 경제의 유동성이 높아지고 노동 유연성이 확대되며 국가와 지역 그리고 산업 간 경계가 무너지고 이동성이 확장되는 것을 받아들이고 준비한다. 이렇게 국민의 미래 생산성에 투자하는 것은 정부의 다른 지출과 근본적으로 다르다.

둘째, 다 같이 잘살 수 있다는 공감대를 형성해나가야 한다. 국제기구 등의 연구에 따르면 한국의 자본주의는 후생과 비례하지 않는다. 성장은 했지만 삶의 만족도는 더 하락했다. IMF외환위기와 금융위기, 두 번의 위기에도 성장과 분배가 모든 이에게 기회의 제공이라는 새로운 가치를 만드는 데 실패했다. 중산층이 두터워지고 계층 이동의 사다리가 복원될 수 있도록 경제 규칙과 제도를 재설정해야 한다.

하지만 낙담할 필요는 없다. 경제의 성과와 평등이 서로 다른 길을 가는 것이 아니라 같은 길을 갈 수 있다는 교훈을 보여준 경우도 있기 때문이다. 미국의 대번영(1940~1980년), 발전국가시기의 한국의 대번영(1960~1990년대 중반)이 그것이다. 따라서 지금의 불평등은 잘못된 정책을 선택한 결과이다. 불평등이 심화되면 경제에 대한 대중의 불만과 불안이 특정 집단과 사람에 대한 적의와 반감으로 전환되어 사회를 분열시킨다. 결국 경제와 민주주의에 대한 신뢰를 무너뜨린다. 민주주의를 원리로 하는 정치가 시장의 불평등을 제어할 수 있도록 작동해야 한다.

셋째, 미래 세대의 부담이 될 부채에 대한 올바른 인식이다. 포퓰리즘의 확대에 대한 경계이다. 현재 지출을 감당하기 위해 사용하는 것과 장기적으로 GDP와 조세수입을 늘릴 수 있는 투자를 구별할 수 있어야 한다. 당장의 경기부양을 위해 재정을 아무 데나 쓰면 안 된다. 언젠가는 쌀독이 바닥날 때가 오는 것을 경계해야 한다. 이러한 정부는 일종의 산타클로스정부이다. 결국 선물 값은 누가 내는가! 혜택을 받는 사람은 구체적이지만 부담하는 사람은 광범위하므로 특정되지 않는다. 모든 포퓰리즘정책이 이를 이용한다.

한 예로 일자리를 만들기 위해 공무원 수를 늘리는 것은 하책이다. 관료조직은 근로의지를 떨어뜨리고 민간의 일자리를 상쇄시킨다. 또한 부채를 증가시킨다. 공무원이 되겠다고 늘어선 젊은이들의 줄이 한국보다 긴 OECD국가는 없다. 민간의 역량이 양과 질에서 정부보다 우위에 있는 지금 정반대의 정책으로 가고 있다. 점차 공무원을 위한 나라가 되어가고 있다. 공무원 시험 준비생이 25만 명으로 희망이 사라져가고 있다. 한때 공무원의 천국으로 불리던 아르헨티나가 국가부도를 맞고 공무원 숫자를 반으로 줄이자 공무원이 파업에 나섰다. 국가탈출행렬이 끝없이 이어지고 나라는 지옥이 되었다. 천국에서 지옥으로 바뀌는 데 그렇게 오랜 세월이 걸리지 않았다.

공무원의 증가는 규제의 증가로 이어지고 정부 전체의 효율성은 떨어진다. 단적인 예로 명나라 때 관료들은 자기들의 자리를 보전하기 위해 백성들의 눈과 귀를 막는 우민愚民 정책을 실시했고, 결국 내부의 만리장성을 쌓았다. 성 주변에 견고하게 축조된 만리장성은 청나라 군사에게 속절없이 무너졌고, 마지막 황제는 청나라가 쳐들어오자 성 밖 나무에 목매어 죽었다. 정부가 새로운 복지정책으로 국민들에게 시혜를 베풀 때 필요한 재원을 어떻게 조달할지, 구체적으로 어떠한 결과가 나타날지 보여줄 것을 요구해야 한다. 아울러 정부가 마음껏 돈을 쓰는 행위는 곧 미래 세대를 구속하는 것이다. 국가는 미래의 청년들이 물려받아야 할 부채의 규모와 범위에 대해 소상히 설명해줄 공식적인 제도와 조직을 확보해야 한다.

3

국민의 행동력이
나라를 움직인다

마지막으로 국민의 힘은 행동주의로 나설 때 완성된다. 이와 관련 정치철학자 데이비드 흄은 "국민들이 자신들에게 힘이 있다는 사실을 이해하게 되면 어떠한 억압적인 정부와 권위적인 정부도 무너뜨릴 수 있다"고 했다. 국민의 힘으로 내린 합리적인 결정은 부당한 권위와 위계적 제도를 해체할 수 있다. 그러나 혼자의 힘으로는 많은 것을 감당하기 어렵다. 주변의 많은 사람들을 모으고 조직화해야 행동주의로 나설 수 있는 것이다. 이렇게 조직화된 사람들이 자신들의 권리를 위해 노력한다면 할 수 있는 일이 많이 생기게 된다. 세상을 바꾸고 변화시키는 데 앞장설 수 있는 것이다. 특히 힘들게 살아가는 사람이 정치 과정에 참여하지 않으면 진정한 사회의 변화가 일어나기 어렵다.

평상시의 사회는 마치 수면 위의 물처럼 평화롭고 고요하게 유지된다. 그러나 이처럼 잔잔한 호수에 작은 돌을 던지면 물방울이 튀어 오르고 물결이 사방으로 일고 교차하면서 퍼져나간다. 우리가 자유민주주의에서 가지고 있는 소중한 권리들도 이와 비슷하다. 따라서 각자가 모여 행동주의로 문제를 제기하고 설득해야 사회가 관심을 가지고 개선해나가며 이러한 축적의 과정을 통해 역사가 전진한다. 아울러 행동주의는 사람들을 모이게 하는 계기를 제공함으로써 공동체의 통합에 기여한다. 우리 주변에 대한 뜨거운 관심과 강렬한 의지는 서로를 배려하고 사회적 일체감을 조성하며 여기에서 상호신뢰가 생겨난다. 온라인을 통한 대중적 정치활동은 편리한 반면에 정치적 영향력은 적다. 연대감이나 충성심이 약하다. 사실관계가 치밀하지 않을 수 있다. 반면에 열린 광장에서의 대규모 만남과 토론은 응집력이 크고 지속력이 강하다. 하지만 상당한 시간과 비용을 지불할 용의가 있어야 하며 자율과 참여 그리고 책임이라는 공동체 의식이 있어야 한다.

이렇게 형성된 여론은 정부로 하여금 국민에 의해 결정된 조치를 실행하도록 압박을 가하게 된다. 현재 시행되고 있는 정책의 문제점이 무엇인지 또 다른 접근법은 없는지, 합리적인 대안은 어떤 것인지를 제시해나간다. 국민의 높은 관심과 정당한 요구를 뒤로한 채 경제와 민주주의의 이상을 실현하기는 어렵기 때문이다. 이러한 행동주의 운동은 정치인이 선거에 출마하기 이전에 국민의 생각을 알 수 있는 계기를 제공함으로써 정치 후보들이 장기적인 비전과 실천 전략을 제시하도록 압박을 가한다. 이는 자유민주주의에서 정치인이 정책을 새로이 만들고 바꾸는 과정에 국민이 참여할 책임과 의무가 있기 때문이다.

　아울러 정치인을 선출할 때 구체적인 정책과 후보자의 능력에 대해 객관적으로 평가한다. 주관적인 인식이나 친구 같은 호감도로 투표하는 행위를 지양한다. 일종의 가족주의를 극복해나간다. 이는 조윤제교수의 이야기에 잘 나타나 있다. "어떤 사회의 정치의 수준은 그 사회 국민의 의식 수준을 반영한다. 그것이 좋은 정치이든 나쁜 정치이든 그에 대한 궁극적 책임은 국민에게 있다"라고 했다. 결국 국민의 수준이 정치의 수준이 되는 것이다.

따라서 수준 높은 국민의 행동주의는 먼저, 예리한 통찰력으로 정치인의 실천의지와 능력을 평가하여 다음번 선거에서 선출 또는 낙선시킬 수 있는 결의로 나타난다. 나아가 정치로 하여금 사회가 나아가야 할 방향을 설정하고 이를 둘러싼 갈등과 이해관계를 조정해나가는 역할을 수행하도록 한다. 이를 위해 먼저 대리인 문제를 극복해나간다. 사실 정치인은 국민의 대리인이다. 따라서 국민이 능력 있고 자질이 훌륭한 정치인을 선출할 수 있는 식견과 안목을 가져야 한다. 그렇지 않을 경우, 국민은 대리인인 정치인에게 지배당하게 된다. '대리인의 함정'에 빠지게 된다.

이러한 함정에서 벗어나기 위해서는 선거 다음날부터 정치인이 진정한 활동을 시작하는지 감시하는 동시에 선거 때 제시된 공약들이 계획대로 실천될 수 있도록 열렬히 지지하고 힘을 보탠다. 아울러 정치 활동 과정에서 용감하게 진실을 말하거나 자신의 실수에 대해 솔직하게 인정하는 용기에 대해서는 기꺼이 격려해주는 열린 마음을 가진다. 정치가 우리 사회의 갈등과 차이를 조정하기 위한 방향을 설정하고 여기에 도달하기 위한 수단인 권력을 만들어 갈 수 있도록 도와준다.

다음으로 정치인의 최대 관심사는 재선 성공이다. 따라서 단기 처방을 선호하고 이는 이익집단의 이해관계와 일치한다. 표의 확장성에 도움이 되고, 인기몰이에 유리하며, 여론을 주도할 수 있기 때문이다. 하지만 정치인과 소수가 이익을 얻게 되면 장기적으로 다수의 나머지 사람들이 박탈감과 적대감이라는 대가를 치른다. 갈수록 커져가는 사회분열을 최소화하기 위해서는 올바른 정치인을 선출해야 한다.

그러나 많은 국민들은 정치와 정치인에게 실망을 거듭하며 기대와 희망을 잃어가고 있다. 설사 그렇다 하더라도 관심과 노력을 가져야 한다. 지금 자기가 속한 지역사회와 국가의 미래를 위해 우리가 가지고 있는 유일한 재산 중에서 가장 소중한 것은 자유민주주의의 보존과 보호이기 때문이다. 아울러 자유민주주의라는 보편적 용어에서 자유가 빠지면 경제체제에서 자본주의 시장경제의 기본원칙이 무너질 수 있다. 이러한 위험성을 생각이 비슷한 사람들이 다수를 형성하고 행동하는 용기를 보일 수 있어야 한다.

아울러 국민이 한국에서 가진 것 없이 태어나더라도 열심히 노력하면 부와 신분의 상승이 가능하고 자녀 세대가 부모 세대보다 더 잘살 수 있을 것이라는 기회의 약속을 믿는다. 젊은이들이 꿈을 꾸게 하고 그 꿈을 계속 유지할 수 있도록 하며, 공동체 문제에 열정을 가지고 참여할 수 있는 통로와 대안을 제시해나간다. 공동체의 통합은 중요하다. 사회적 계층 이동을 가능하게 하기 때문이다. 계층이 고착화되면 공동체 의식이 싹트기 어렵다. 사회의 역동성이 저하되고 갈수록 기회의 문이 좁아진다. 여기에 비례하여 사람들 사이의 거리가 자꾸만 멀어진다. 다수가 정의로운 방향으로 움직이는 행동주의가 공동체의 든든한 울타리가 될 수 있다.

결론적으로 지속적인 번영국가를 지향하기 위하여 국민의 힘으로 중산층이 중심이 되는 사회를 복원하고 동시에 강한 국가와 가치사회를 지향한다. 전통의 보존과 계승을 통해 사람들의 이기심을 관용으로 바꾸고 국가에 대한 사랑과 애착을 가진 국민의식을 고취한다. 아울러 국가이든 개인이든 앞으로 나아가지 못하면 멈추고 만다는 진리를 널리 공유한다. 이렇게 우리가 전진하기 위해서는 가끔씩 실패하더라도 일단 시작은 해보고 수정해가면서 보완해나가는 것이 필요하다. 이는 완벽한 대책을 기다리다가 속수무책으로 당하는 것보다 낫기 때문이다. 그러므로 실패를 두려워하지 않아야 한다. 애초에 성공을 기대하지 않으면 실패할 일도 없기 때문이다. "날아오를 수 있을까? 의심하는 순간 영원히 날아오를 수 없게 된다"는 피터 팬의 이야기를 깊이 생각해볼 필요가 있다. 우리의 현재는 과거에서 배운 경험에서 발전하기도 하고 미래의 상상가능한 일들을 창조하는 것에서부터 시작되기도 한다. 역사상 유대인들이 이를 실천했다. 유대인들은 과거의 역사를 현재에 반추하여 이를 현재의 스승이자 미래의 거울로 삼는다.

국민의 힘으로 과거의 성공신화를 다시 쓰자. 우리는 눈앞에 닥친 냉혹한 현실을 헤쳐나갈 수 있다. 왜냐하면《그리스 로마 신화》의 '판도라의 상자'에서 빠져 나온 질병과 가난 그리고 이기심 등 온갖 나쁜 것들이 이 세상을 고통스럽게 하지만 그래도 마지막까지 남아있는 것은 '희망'이기 때문이다.

정책은 디테일이다

초판 1쇄 2021년 11월 25일

지은이 심학봉
책임편집 고원상 이소연
마케팅 강윤현 이진희 장하라
디자인 김보현(표지) ㈜명문기획(본문)

펴낸곳 매경출판㈜ **펴낸이** 서정희
등록 2003년 4월 24일(No. 2 - 3759)
주소 (04557) 서울시 중구 충무로 2(필동1가) 매일경제 별관 2층 매경출판㈜
홈페이지 www.mkbook.co.kr
전화 02)2000 - 2632(기획편집) 02)2000 - 2636(마케팅) 02)2000 - 2606(구입 문의)
팩스 02)2000 - 2609 **이메일** publish@mk.co.kr
인쇄 · 제본 ㈜M - print 031)8071 - 0961
ISBN 979 - 11 - 6484 - 343 - 5(03320)